河出文庫

辺境を歩いた人々

宮本常一

河出書房新社

はじめに

日本のひらけていない地方をあるいてみると、きまったようにその地方のことをくわしくしらべた書物のあることに気づきます。しかもその書物を書いた人たちは、その土地の人よりも、旅人のほうが多いのです。そのうえ、かれらはかわったところを見るためにやってきて書いたのではなく、「どこだっておなじ日本の国の中ではないか、その国の中のすみのほうにあるからといって、わすれさってしまってはいけない。その土地のことをおたがいにもっと知りあって、よくするように努力しなければいけない。」というように考えて、あるいているのです。

そういうことに気がつき、日本のすみずみをあるきまわったのは、たいてい身分が低く、自分もいろいろ苦労した人たちでした。なかには近藤富蔵《こんどうとみぞう》のように、人を殺して島流しにあった人もいました。あるいはまた、東北や北海道をあるいた菅江《すがえ》真《ま》澄《すみ》のように、いちど出てきた郷里へ、二度と帰ってこなかった人もいたのです。

しかもそうした人たちがあったことさえ、いまはわすれられようとしているのですが、わたしはかれらが日本のへんぴな地方——僻地《へきち》——をあるくことになぜ情熱をおぼえたのか、その人たちは多くの危険をおかし、困難な旅行をしながら、なにを見ようとしたのかを明らかにしたいと思いました。

それには、およそつぎのような人たちが考えられます。

まず北海道をあるいた人たちは、北の方からロシア人がしだいに南へ下ってくる事実を知って、「北海道も日本の中ではないか。そこをひらき、そこをもっと人の住みやすいところにしなければならないではないか。そのためにはまず北海道を知らねばならぬ。」といって旅をし、いろいろの調査をしたのです。最上徳内《もがみとくない》・近藤重蔵《こんどうじゅうぞう》・松浦武四郎《まつうらたけしろう》をはじめ、この本には書かなかったけれど、松田伝十郎《まつだでんじゅうろう》・間宮林蔵《まみやりんぞう》など、そういう人でした。

また僻地の人たちの生活をできるだけくわしくしらべ、一般の人に紹介しておこうとした菅江真澄のような人もいました。

いっぽう南の方をあるいた人たちは、当時あらたに日本の領土になった台湾をりっぱにおさめていくためには、まずそこの歴史や文化をじゅうぶんにしらべなければならないと考えて、出かけていった伊能嘉矩《いのうよしのり》・田代安定《たしろあんてい》のような人、またここには書きませんでしたが、日本人は南方にむかっておおいに出てゆくべきだと説いて、自分も出かけていった菅沼貞風《すがぬまていふう》のような人がいました。しかしそんなとき、「その近くにわすれられた世界がある。それを見おとさないようにすべきだ。」といってあるいた笹森儀助《ささもりぎすけ》のような人もいました。

わたしはこうした人たちの情熱と、すぐれた考え方がひとつの「みちびきの星」になって、日本のすみずみがしだいにひらかれてきたのだと思います。しかもこの人たちは英雄ではありませんでした。むしろめだたない人たちだったのです。こういう書物でお読みにならなければ、みなさんも一生のうちに、ついにその名をきくことすらない人もあるでしょう。しかしどの人も自分のしなければならない仕事をよく知っていて、一生をかけて、その目的をはたすために、努力したといえましょう。

これは、ひとつには、幕末から明治のはじめにかけて、日本人全体にみなぎっていた。もっと大きくのびてやろうという、わかわかしい情熱とエネルギーのあらわれでもあるでしょう。それが、かれらのように社会的地位のめぐまれなかった人たちをして、国からこれといった助けを受けることもなしに、ひたすら自分の道をすすませるようにしたのです。

なお、この本に出てくる日づけは、明治六年一月一日以前はぜんぶむかしのこよみ——旧暦——ですから、約一か月ずれています。たとえば、「八月十五日」とあれば、いまの九月十五日ごろにあたります。

宮本常一

辺境を歩いた人々

◉

もくじ

菅江真澄 111

笹森儀助

175

辺境を歩いた人々

近藤富蔵

小心のかれが無法者を殺し、八丈島に流されるや、島の歴史・文化・生産などをしらべあげ、『八丈実記』をまとめ、島に生涯をささげる。

1　流され人

いまから百三十九年まえ、文政十年（一八二七）、春もくれかかろうとする四月二十六日（いまの暦の五月末）、江戸（東京）、永代橋《えいたいばし》のところから、一そうの流人船《るにんせん》が川をくだってゆきました。伊豆の三宅島や八丈島へ流される罪人をのせて、これから太平洋の荒波をこえてゆくのです。船の大きさは五百石積み、米俵にして千二百五十俵ほど積めるぐらいの船ですから、そんなに大きい船ではありません。それで、太平洋の荒波をこえて、はるばる八丈島までゆくのです。

八丈島は今日なら飛行機で四十分ほどでゆけるところにあるのですが、小さい船で荒海をのりこえてゆくのはまったくいのちがけだったものです。だから島流しときくと、もうふたたび元気で江戸の土地をふむこともあるまいと、たいていの人が、死ににゆくようなつもりで出かけていったのでした。

この船に近藤富蔵《こんどうとみぞう》という二十三歳になる若者がのっていました。大きなからだをしていましたが、いかにもおとなしそうな、ものやわらかな顔つきでした。近藤富蔵といってもみなさんは知らないでしょう。しかし近藤重蔵《こんどうじゅうぞう》の子だといえば、あるいは重蔵のことは知っている人があるかもわかりません。江戸時代の終わりごろに探検家としてその名を知られた人で、のちに書物奉行、大阪弓矢槍奉行《おおさかゆみややりぶぎょう》などもつとめ、学者としても一流の人でした。その重蔵の子の富蔵が、人を殺して八丈島へ流されることになったのです。

ではかれは、どうして人を殺すようなことをしたのでしょうか。また人を殺すような乱暴なところのある人だったのでしょうか。もともとかれはけっしてそんな人ではなかったのです。そして島へ流されたのちも島の人たちからしたわれ、『八丈実記《はちじょうじつき》』というりっぱな書物を書いた人でもあったのです。

2　近藤重蔵と最上徳内

では近藤富蔵はどうして人殺しをしなければならなかったのでしょうか。そのことを話すためにはまずおとうさんの近藤重蔵のことから話さねばなりません。

近藤重蔵は明和八年（一七七一）に江戸で生まれました。父右膳《うぜん》は町与力といって今日の警官のような仕事をしていました。その二男として生まれたのです。武士としての身分も低く、貧しかったのですが、重蔵は小さいときから神童といわれるほど頭がよくて、二十歳のとき、おとうさんのあとをついで与力になりました。しかし一生を与力で終わるような人ではなく、学問にはげみ武術もねって、二十四歳のとき、江戸の湯島（東京都文京区）にある聖堂（孔子などの学者をまつったお堂）で学術の試験をうけて、最優等の成績をあげました。そのことから、上役の者にもみとめられて、しだいに重く用いられるようになったのです。そのころ、日本は外国との往来を禁止していました。わずかにオランダとシナ（中国）の船が長崎にきて貿易をいとなんでおり、また朝鮮と対馬とのあいだにゆききがあったていどです。

ところが外国の船は日本のまわりの海を舞台にしてさかんに活躍していたのです。日本の近海にはクジラが多く、そのクジラをとるためにイギリスやアメリカの船が東北地方から北海道付近の海にたくさんあつまり、ロシア人はまたラッコを追ってカムチャッカから千島にそって南へくだってきつつありました。しかもどの国の船も、本国を遠くはなれているため、必要な品の買い入れにも、とったものの売りさばきにもふべんなので、日本と通商したいと考えました。そしてまずロシアが安永八年（一七七九）に通商を申しこんできました。

そのころ日本人もようやく北海道の東海岸あたりまで出かけるようになり、そのあたりのアイヌと交易していました。そしてアイヌは日本人から買った品物をさらに千島の島々に住むアイヌに売り、その島の産物を手に入れ、北海道の東海岸へもってかえって日本人に売ります。その品のなかにロシアのものもあったのです。当時の日本人は、この品をもっている者を赤えぞ（蝦夷）とよび、アイヌの別種だろうと思っていたのですが、その赤えぞの持っているものが、長崎へオランダ人が持ってくる品とたいへんよく似ていることにおどろきました。

この事実に気のついた、仙台の人工藤平助がいろいろしらべてみると、赤えぞというのはアイヌではなく、ロシア人だとわかりました。しかもロシアという国はヨーロッパからアジアにかけて北のほうをしめている大国であることを知ったので、このロシアと貿易をおこない、また北海道をひらいて日本の財政をゆたかにするように幕府へ進言しました。老中の田沼意次《たぬまおきつぐ》はこのことをきき、幕府の財政がゆきづまっているおりから、なんとかそれをゆたかにしようと考えて、天明五年（一七八五）に北海道へ探検隊をおくって調査させることにしました。

この調査隊のなかには、そのころすぐれた地理学者のひとりであった最上徳内も加わっていました。

徳内は宝暦四年（一七五四）、羽前国村山郡楯岡村《たておか》（山形県村山市）のまずしい農家に生まれました。若いときはタバコの行商をして東北地方をあるきまわり、しだいに地理に興味をおぼえるようになり、のちに江戸へ出て本多利明《ほんだとしあき》の門人となりました。利明はそのころ名を知られた天文・数学の学者でしたが、地理にもくわしい人でした。そこでえぞ調査隊員のひとり青島俊蔵《あおしましゅんぞう》からその計画をきくと、利明は弟子の徳内も隊員のひとりに加えてくれるようにたのみ、徳内を竿取《さおとり》ということで参加させてもらいました。

竿取というのは測量の手つだいをする人のことですが、身分の低い徳内にはそういう役しかあたえられなかったのです。

しかし徳内はだれよりも熱心な調査隊員でした。そして俊蔵についてクナシリまでゆき、エトロフへわたろうとしましたが、ところが冬になってしまい、わたることができなくなったので、いったん松前《まつまえ》までひきかえして、そこで正月をむかえ、正月二十四日には松前をたってクナシリにむかいました。そして四月十八日に、アイヌののる小さな船で、ついにエトロフにわたったのです。そのころエトロフには、北海道東南海岸のアツケシというところから、アイヌが夏になると出かせぎにきていましたが、日本人としては漂流者のほかきた人はありません。目的をもってやってきた日本人は徳内が最初だといってよかったのです。

ところがエトロフには、三人のロシア人が住んでいました。徳内はこの人たちと親しくなりました。そして三人が郷里へかえりたがっているので、この三人をつれてクナシリへかえって松前藩の役人にわたし、長崎をとおって本国へかえしてもらうようにたのみました。徳内はこの三人から北千島やカムチャッカのようすをきいて、どうしてもそこまでいってみたいと思い、ウルップ島にわたりました。ウルップはエトロフのさらに北にある島です。そこにはロシア人が、むかし穴をほって住んでいたあとがありますが、人は住んではいませんでした。そしてウルップの北のはしまでいって、その北にさらにつらなっている島々をはるかにのぞみ見ましたが、船が小さいうえに、もう冬もせまろうとして海があれはじめているので、やむなくひきかえしてきました。

徳内が江戸へかえってみると、老中の田沼意次は政治上の失敗でやめており、その下にいた人たちも責任をおってしりぞいていたため、徳内たちの調査の結果も、幕府はなんらとりあげてくれませんでした。それでも徳内はどうしてももういちど千島へゆきたいと思い、こんどはひとりで出かけましたが、松前藩は千島へわたることをゆるさず、かれをおいかえしてしまいました。そこでこんどはまた青島俊蔵の家来として松前までゆきましたが、熱心のあまりに規則をやぶってとらえられ、牢に入れられました。

しかし、徳内はそのようなひどいめにあいながらも、いちいち見たこと聞いたことを書いていて、先生の本多利明に送っていましたし、利明はまたそれにもとづいて幕府へ進言していました。だから田沼にかわって老中になった松平定信は徳内の学才を知り、牢から出して普請役《ふしんやく》（大名の屋敷や、道などの修理をうけもつ役人）にとりたて、寛政二年（一七九〇）の末、えぞ地御救《おすくい》交易御用という役をおおせつけました。そこで徳内はおおいによろこび、四たび北海道へきたのです。

こんどはりっぱな幕府の役人になっているのでとがめだてをする人はありません。なによりもまずエトロフにいるときくロシア人（徳内が本国へかえすように骨をおってやった人）にあって、千島の北のはしまでゆく手はずをととのえようと、エトロフまできてみると、そのロシア人は本国へむかったすぐあとだったのです。

徳内は、はじめこのロシア人から、ロシアの通行手形をもらっていたのですが、牢屋にはいっているあいだに失ってしまいました。それがなくてはロシアの領内をあるくことはできません。そのうえ世話をしてくれるロシア人もいなくなっているのです。どんなにか残念なことだったでしょう。

だが、徳内はどんなことがあっても失望はしませんでした。とにかく千島・北海道・カラフトなどの地理をあきらかにし、アイヌをもっと保護するとともに、北からせまってくるロシアのちからに対抗して、これをくいとめ、正しい国交をひらきたいものだと考えていたのです。だから、カムチャッカまでゆけないことがわかると、こんどはカラフトへわたり、そこのアイヌの生活をしらべました。そして松前まで帰ってみると、根室の沖に大きなロシア船がやってきているという情報がきていました。この船はロシアからきたもので、しかもそこには日本人がのっていたのです。

この船はエカテリナ号といいました。日本人というのは伊勢《いせ》白子《しらこ》村（三重県鈴鹿《すずか》市白子町）彦兵衛所有の神昌丸の船頭光太夫《こうだゆう》と小市《こいち》・磯吉《いそきち》の三人でした。神昌丸は天明二年（一七八二）十二月、紀伊藩の年貢米を積んで、白子浦から江戸をさして出帆しました。ところが十二月十三日のま夜中、駿河湾の沖合で強い西北風にであい、光太夫は帆柱を切り、荷を一部すてて漂流にまかせることにしました。その船が洋上を八か月もただよって、やっとアリューシャン列島のアムチトカ島にながれつきました。船に米を積んでいたために、この長い漂流にたえることができたのです。

船員たちは、この島に住んでいるロシア人にたすけられて、四年すごしました。寒さのためと、食料の不自由なために次々に死人があって、十六人の乗組員のうち八人だけがのこりました。このままではいつか死にたえてしまうというので、古釘《ふるくぎ》などを利用して、難破船を改造して天明七年（一七八七）夏、アムチトカを出帆してカムチャッカにわたりました。そこでロシア人の保護をうけ、天明八年六月十五日、ロシア人につれられて船でカムチャッカを出帆してオホーツクにつき、そこから陸上をヤクーツクをへて、イルクーツクにつきました。イルクーツクはシベリア最大の都会で、そこで八人は日本へかえるための許可書をとることにしましたが、なかなかゆるされません。

　しかしさいわいなことに、日本のことを研究している学者キリル・ラクスマン教授にあいました。ラクスマンは漂流民をいたわるとともに、光太夫にロシアの都ペテルブルグへゆくことをすすめました。

　寛政三年（一七九一年）一月十五日、ラクスマンは光太夫をつれ、都をさして出発しました。いちばん寒いときのシベリアの旅ですが、大地がよくこおっているほうが旅はらくでした。そりや馬車での旅です。そして夜も昼も走りました。宿にとまったのはモスクワだけでした。ペテルブルグについたのは二月十九日でしたが、ラクスマンはつくとまもなく病気になり、あやうく死にそうになりました。光太夫は必死になって看病し、春になるとともにラクスマンは元気になりました。そして五月二十八日、光太夫はラクスマンにともなわれて宮殿にゆき、ロシア国王エカテリナ二世にあいました。エカテリナ二世は、聡明で決断力のある女王で、ヨーロッパでもひろく知られていました。

　光太夫は九か月ほどペテルブルグにいて、上流家庭の生活をつぶさに見ることができ

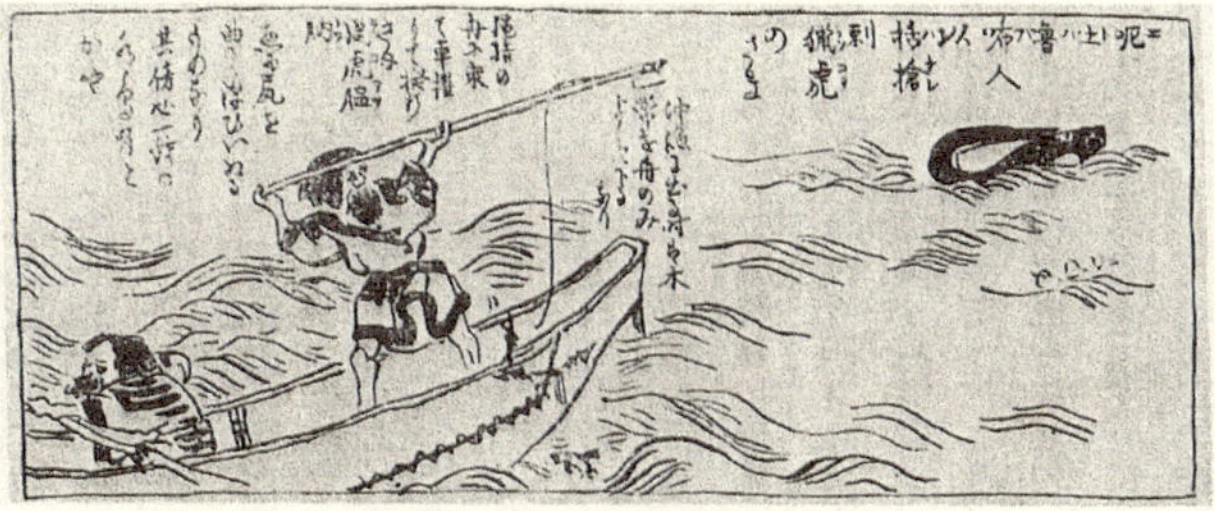

ラッコを追って海をゆくアイヌ

ました。そして十一月二十六日、ラクスマンにつれられて、都をたち、イルクーツクにむかいました。

光太夫のなかまは次々に死んでいって五人にすぎなくなっていました。しかもそのうちのひとりはかた足のひざから下を切りおとし、もうひとりは病身のため長い旅にたえられなくなっていたのです。そこでこのふたりをのこし、あとの三人があくる年の五月二十日にイルクーツクをたってオホーツクにむかい、そこでエカテリナ号の入港を待って乗船しました。

エカテリナ号でイルクーツクから光太夫をつれてきたのは、キリル・ラクスマンの子アダム・ラクスマンで、光太夫をつれてくると同時に日本と国交をひらきたいというのが、その目的でした。この船が根室へついたのが九月三日でした。やがて冬がくるので、幕府はエカテリナ号をあくる年の春まで、そこへとどめさせました。

そのあいだに幕府は、ふたりの使者を松前におくって、ラクスマンと話しあいをさせましたが、徳内は役人たちの相談にのり、光太夫たち漂流民はうけとりましたが、国交をひらくことはゆるしませんでした。そこで、ラクスマンは失望して北へ去っていきました。しかし光太夫の語るシベリアやロシアのようすはひどく幕府の役人たちをおどろかせました。そしてうかうかしてはおれないと思うようになったのです。

3 重蔵のえぞ地探検

そこで幕府は寛政十年（一七九八）、大ぜいの役人を派遣してえぞ地を調査させることにしました。その先発隊の隊長となったのが近藤重蔵で、最上徳内は案内役としてしたがうことになりました。重蔵はそのとき二十八歳、血気さかんな若者でしたが、いっぽう徳内は四十四歳になっていました。

重蔵はまえにお話したように本郷湯島の聖堂で学術の試験に合格したために、長崎奉行の下付《したづき》ということになり、長崎へくだってゆきました。そこにはシナの船、オランダの船が入港し、江戸とはだいぶちがったようすです。そして外国について書いた書物もたくさんあります。それらを読んでいるうちに、海のむこうにたくさんの、しかも文化のすすんだ国々のあることを重蔵は知りました。

まずかれが関心をもったのはシナです。そして重蔵は『清俗紀聞《しんぞくきぶん》』『安南紀略《あんなんきりやく》』など、東アジアの国情をくわしく書いた書物をあらわしました。同時にえぞ地、すなわちいまの北海道のこともくわしくしらべ、その取締方《とりしまりかた》を幕府に進言しました。そこで寛政十年（一七九八）、幕府がえぞ地探検隊をだすとき、重蔵はその隊に加わることになったのです。

そのころの北海道は、西南のほんのせまい範囲をのぞいては、道らしい道もありませんでした。その道らしい道もない北海道の南海岸を、探検隊は東へ東へとすすみました。いまの十勝地方の海岸などは、ところどころ岩をきりたてたようになっている場所があるので、岩になわやはしごをかけてよじのぼったり、波のひいたとき、がけの下の岩の上をとぶように走って、波にさらわれないようにしました。ときにはまた、天候がわるいために、アイヌの小屋にとまって、天候のよくなるのを待たねばなりませんでした。

しかし、重蔵はこういう道ばかりあるいていたのでは、いつまでたっても人の往来のさかんになることはないから、まず道をつけなければならないと考え、かえるとちゅう、隊長の大河内《おおこうち》政寿《まさとし》に願いでて、アイヌ数名をつかって、最大の難所とされているルベシベツから、ビタタヌンケまでの十二キロのあいだに道路をつけました。いまもその記念碑がのこっています。碑文は近藤重蔵の従者、下野《しもの》源助《げんすけ》が書いたものです。重蔵は源助のほかに金平《きんぺい》を従者として、またアイヌとの通詞《つうじ》（通訳）として豊吉、孫七をつれていました。またこの道をつくるために参加したアイヌは六十八人であったとしるされています。

さて、重蔵の一行は七月、ついにエトロフにわたり、南のはしのタンネモイに「大日本恵登呂府《エトロフ》」の標柱をたてました。そのかえり道では、いろいろのことをしました。道路つくりもそのひとつでしたが、まえに最上徳内がアツケシにまつった神明社を修理し、稲荷・弁才天をいっしょにまつりました。さらに日高の沙流《さる》川・鵡《む》川の上流を探検しました。この地方には源義経の伝説がのこっていたからです。

義経は歴史のうえでは文治《ぶんじ》五年（一一八九）二月、衣川《ころもがわ》（岩手県）で藤原泰衡《ふじわらやすひら》のためにせめほろぼされたことになっているのですが、伝説では討ち死にせずに、えぞ地にのがれてきたといいつたえられており、アイヌもそれを信じていたわけです。

重蔵はそのいいつたえのある土地をしらべてまわり、あけて寛政十一年には、沙流川のほとりの佐流太《さるた》に義経《よしつね》神社をまつりました。いまそれは平取《ひらとり》町に移され、平取町の氏神になっています。神体はよろいかぶとをつけた木像で、うしろに「寛政十一年 己《つちのと》未《ひつじ》 四月二十八日 近藤重蔵 藤原守重、比企《ひき》市郎右衛門 藤原可満《よしみつ》」と書いてあります。

重蔵は江戸へかえると、すぐまた幕府の命令でエトロフ島開発のためにえぞ地へわたることになりました。このとき重蔵は、アイヌの丸木舟のようなものではクナシリからエトロフにわたるのはむずかしいので、大きな商船をつかいたい、その船には近藤家の旗印を用い、自分はよろいかぶとをつけることをゆるされたい、と幕府へ願いで、それをゆるされました。

さて重蔵は、その商船には老練で勇気のある船頭が必要であると考え、はやくからこの地方へ商売にきていた淡路（兵庫県）出身の高田屋嘉兵衛をたのむことにしました。命令をうけた嘉兵衛はまず宜温丸《ぎおんまる》という自分の船でクナシリの北のはしにきて、潮の流れを見さだめて、エトロフへわたりました。そこで自信ができたので辰悦丸《しんえつまる》という千五百石積みの大船と、そのほかに四そうの船を用意して、こんどは重蔵といっしょにエトロフにわたったのです。四そうの船には波よけをつけ、米、塩、漁具、さかなをとるあみなどを積み、近藤家の旗印をたて、大船には重蔵がのってよろいかぶとを身につけ、紅白のさいはいをふって指揮しました。ちょうどむかしの水軍のさまそのままです。

島のアイヌたちは今まで見たこともない大きな船がやってくるので、なにごとであろうかと、浜へ出てわいわいさわぎながら見ていました。船が近づくとよろいかぶとをつけた武士がいるので、さては島をせいばつにきたのではないかとさわぎはじめました。やがて船がついて上陸した人を見ると、それは昨年やってきた近藤重蔵です。また船頭は、と見ると、まえからこのあたりへやってきている高田屋嘉兵衛です。そこでアイヌたちもすっかり安心して、一同をむかえました。

重蔵は島に上陸すると積んできた米や塩やきものをアイヌたちにあたえ、また漁具をあたえてそのつかい方を教え、十七か所の漁場をひらきました。それまでアイヌたちはつり針でさかなを一ぴき一ぴきつっていたのですが、こんどはあみでとるのですから、いちどにたいへんたくさんのさかながとれます。

そのころエトロフのあたりには、さかながたいへん多かったのです。そのなかでもとくにサケ・マスが多く、マスは漁期になると川にのぼってきて、海岸から三百メートルくらいのあいだは、水面がマスでうずまります。石を投げても、それがはねかえるほどです。船も進みません。

そうしたさかなをあみでとれば、たくさんかかるのにきまっています。漁場をひらいて四年めの享和《きようわ》三年（一八〇三）には、漁獲量が一万八千石（約三五〇万トン）、金額にして一万両の利益がありました。このさかなは、とってにて、しぼって油をとり、しめかすは肥料として用いるわけです。そのしめかすや油を積むために、大きな船が次々にこの島をおとずれるようになりました。

島の文化がすすむにつれて、重蔵は島をいくつかにわけて村とし、村には名主《なぬし》（村長）をおき、アイヌたちにも日本ふうの生活をすすめて、ひげをそらせ、まげをゆい、名も日本ふうにあらためさせました。

享和元年のことでしたが、重蔵は部下のものをエトロフの北のウルップ島にやって、そこに「天長地久大日本属島《てんちようちきゆうだいにつぽんぞくとう》」という標柱をたてました。そして島にいるロシア人に立ちのくようにいいました。もともとウルップ島は、北海道アイヌがわたって漁業をしていたところだったのですが、重蔵はここのアイヌたちに北海道からわたるのをやめさせて、この島を無人島にすることにしました。ロシア人たちは食料もなく、アイヌもいなくてはとうてい住めないのでひきあげていきました。

重蔵は享和二年までエトロフ掛《がかり》をつとめ、毎年エトロフへでかけてゆきました。そのあいだにアイヌの生活を見、また北海道東部の事情にくわしくなりました。そしてエトロフのアイヌがキリスト教を信じているのを見て、そのことを幕府に進言したため、幕府は文化元年（一八〇四）、アッケシに国泰寺《こくたいじ》、日高のサマニに等樹院《とうじゆいん》、イブリの有珠《うす》に善光寺をたてました。そしてアイヌの教化にあたらせたのでした。こうして重蔵は、ひとたび江戸にかえりました。

日本のこうしたありさまを見て、ロシアもまた日本に積極的に開国をせまるようになってきました。文化元年（一八〇四）、ロシアの使者レザノフが長崎にきて交渉にあたりましたが、日本はこれに応じませんでした。そのためロシア船がカラフトやエトロフへやってきて物をとったり、乱暴をはたらいたりするようになりました。

重蔵はそのころ江戸にいたのですが、ふたたびえぞ地掛《がかり》となり、日本海岸にそって北にゆき、利尻島《りしりとう》にわたって島をひとまわりし、それから宗谷《そうや》にわたってカラフトアイヌに出あい、カラフトのようすをききました。かえりは天塩川《てしおがわ》をさかのぼって北海道の奥地をさぐり、また石狩川の流域をあるきました。といってもそのころの北海道は原始林におおわれており、木の下にはササやイタドリがしげりあっていて、人があるけるような道はほとんどなかったのです。しかも毎夜毎夜、野宿の旅です。

やがて雪になりました。その雪の中を重蔵はあるきまわりました。そして広大な土地がまだひらかれないままにのこされていることを見きわめたのです。

あるときは石狩川のカムイコタンで船がひっくりかえり、重蔵は二百メートルあまりも流され、いのちをあやうくしたこともありました。

しかし、多くの困難にもまけないで、無事に江戸へかえることができ、将軍家斉《いえなり》にえぞ地の報告をし、またその開拓についての意見書をだしました。そのなかには小樽《おたる》港をひらくこと、札幌に役所をおくことなど、石狩平野の開拓の重要性がとかれているのでした。幕府もその意見をいれて、しだいにそれにしたがうようになってくるのです。

こうして重蔵は二十八歳から三十七歳までのおよそ十年間を、北海道開発のためにつくすのですが、その功績によって御書物奉行《ごしょもつぶぎょう》に任ぜられ、この仕事を十二年間もつとめることになります。そして北海道の探検からはすっかり遠ざかってしまいます。

御書物奉行というのは紅葉山文庫《もみじやまぶんこ》という書庫をあずかる役目でした。紅葉山文庫は、江戸城の中の紅葉山にあり、幕府のもっているたいせつな書物はすべてそこにおさめてありました。この文庫は明治になって幕府から皇室にうけつがれ、帝室図書寮《ていしつずしょりょう》となり、いまは宮内庁《くないちょう》の図書寮となっています。ずいぶん貴重な書物があつまっていますが、一般の人は見ることをゆるされません。

重蔵はその書物をあずかることになりましたが、めずらしい書物ばかりなので、自分でおもしろいと思うものをかたっぱしから読んでいきました。

もともと重蔵はどんな苦労もいとわない人でした。だからすすんで北海道の探検にもあたったのです。その人が御書物奉行のようなもの静かな役職についたのですから、トラをおりの中へ入れたようなものだったでしょうが、重蔵は奉行の仕事にうちこみました。毎日ねるのは一時間か二時間ぐらい、あとは書物を読みつづけ、うつしておきたいものはそっと家へ持ってかえってうつしました。それも時間をおしんで、女の人にむすびをつくってもらって食べ、おぜんにむかうことはなかったといいます。そして一昼夜のうちに七さつの書物をうつしたこともあったといいます。

さて御書物奉行を十二年つとめて、文政二年（一八一九）、大阪弓矢槍奉行をおおせつけられましたが、これはわずか二年で、「御役《おやく》がじゅうぶんつとまらない」ということで、永代小普請入《えいたいこぶしんいり》をおおせつけられて江戸へもどってきます。つまり格下げになってよびもどされたのですが、小普請衆というのは、べつにこれという役目もない旗本《はたもと》のなかまのことです。一世の学者として、また探検家として知られた重蔵に、どういう欠点があったのでしょうか。

4　重蔵と富蔵

外から見れば日本でもまれに見るりっぱな学者であった重蔵も、子どもの富蔵から見るとけっしてよい父ではなかったのです。富蔵の書きのこした『八丈実記《はちじょうじつき》』のなかに、近藤家の系図もくわしくでていますが、それによると富蔵は、近藤重蔵の長男として文化二年（一八〇五）五月三日に生まれています。母は梅女《うめじょ》となっています。重蔵の女中だったようです。

重蔵は身分の低い武士だったので、たえず高い地位につきたいと思っていたようです。それで人よりもいっしょうけんめい勉強もし、人のゆかないところまででかけていって手がらをたて、出世したいと思う心もあったのでしょう。

しかし重蔵が期待したほど身分は高くならなかったのです。そして御書物奉行を十二年もつとめさせられたのですが、文政二年（一八一九）、紅葉山文庫を修理することについて老中の水野出羽守とあらそって自分の主張をとおしました。そのために、身分が高くなるどころか、かえって大阪弓矢槍奉行に転任を命ぜられました。

しかし重蔵はその命令にしたがわず、なかなか大阪へゆこうとはしませんでした。そして下渋谷《しもしぶや》の下屋敷（別宅）に高さ五丈（十五メートル）ほどの山をきずき、そのふもとに岩屋をつくって、その中によろいかぶとをつけてさいはいを持った石像をおき、「近藤守重毛人国征伐之《こんどうもりしげえびすのくにせいばつの》像《ぞう》」と題しました。それは北海道平取《ひらとり》の義経神社の木像とよく似ていますから、重蔵はひとつには義経にあこがれ、ひとつには自分の手がらを人にほこりたい気持ちがあったのでしょう。

春のうちに大阪へゆかねばならないのを、とうとう秋まで江戸にいたので、心配した老中の阿部備中守はひそかに忠告して、はやく大阪へゆくようにすすめました。そして三年もいっておればかならず江戸へよびもどすからといったので、重蔵はやっと十二月になって大阪へたちました。

しかし大阪での生活はかなりみだれたものでした。自分の功績がじゅうぶんむくいられない不満があったのでしょう。

大阪には城代というものがおかれていました。小さい大名が交代でこれをつとめており、大阪城にいて町をまもったのです。その下に十八人の奉行がいましたが、重蔵はそのなかでもいちばん上にいましたし、城代の松平右京太夫《まつだいらうきょうだゆう》は重蔵の学問の弟子でもありましたから、とくべつにだいじにされました。重蔵はそれをよいことにして、城にむかいあったところに大きな家をたて、また芸者などをあつめて、しきりに酒をのんで遊びました。

重蔵の妻は、おなじ幕府の旗本で、上原金之丞《うえはらきんのじょう》という人のむすめでしたが、早く離縁してしまい、そのころは何人もの女をそばにおいていました。ところが大阪へきてからすすめる人があって千種《ちぐさ》大納言のむすめを嫁にもらってはというので、まだ十四歳になったばかりの少女をむかえ入れました。

しかし、そのころは大名でないものは京都の公家（天皇につかえている人々）から嫁をもらうことはゆるされていなかったので、その少女は表面は千種家の家来の酒井というもののむすめだということにしてありました。でも、まもなくそのことが幕府に知れましたので、重蔵はその少女を京都へかえし、自分は江戸へよびもどされることになったのです。こうしてその身分をすこしずつおとされてゆきました。

もともと重蔵は豪華な生活がすきな人でした。その本邸は大川端《おおかわばた》近くの蠣殻町《かきがらちょう》にありました。いまも東京都中央区に蠣殻町があります。はじめ屋敷は一丁四方（約百二十アール）もありましたが、身分の低い旗本の屋敷としては広すぎるということで、十アールあまりにさせられました。その家は武士の家にはめずらしい大きな二階建てでした。そしてりっぱな長屋門を持っており、禄高（給金の高）が二百俵あまりの旗本の屋敷とは思えぬ堂々たるものでした。そうした家を持つことのできたのはエトロフで商人などからの献金が多かったためでしょう。

　重蔵はこの家だけで満足せず、下屋敷（別宅）をもちたいと思って、江戸の郊外をさがしにあるきました。そして南荏原郡《みなみえばらぐん》の三田《みた》（目黒区三田）というところによい場所をみつけました。そこは台地が田んぼの中につき出て、ちょうど岬のようになっているところです。それで槍が崎とよばれていました。台地の上は畑がひらけており、その台地の上からは目黒川をへだてて遠く富士山をのぞむこともできました。そこで重蔵はさっそくその土地を持っている百姓の半之助という者に土地をわけてもらうことにしました。半之助もふつうよりは高く買ってくれることになったのでよろこんでゆずりました。

　重蔵はその台地のはしに近いところに高さ十五メートルほどの山をつくりました。そしてこの山を新富士と名づけましたが、人々は目黒富士とよびました。その上にあがるとほんとうの富士山ばかりでなく、関東平野の西から北へかけて、さらに東京湾をこえた房総半島の山々も見えました。なにしろむかしは関東平野も工場がなかったから、空気はとてもすんでいて、遠くの遠くまで見えたものでした。

　この富士山のできあがったのは文政二年の初夏でした。ほんとうの富士山の御師《おし》（神職のひとつ）をまねいて山びらきをし、重蔵も日本橋から行列をととのえてやってきましたが、その年の冬には大阪へくだってゆかねばなりませんでした。

　そこで重蔵はこの屋敷の管理を、もと地主であった半之助にたのみました。半之助の家はすぐとなりにありました。重蔵が大阪へたつとまもなく、半之助は近藤邸とのあいだの垣をとりはらってしまいました。それはこの新富士を見にくる客があいつぎ、ときには大名もやってくるほどでしたから、その人たちをあいてに茶屋をいとなみたいと思ったからでした。そして山本屋というのれんをかけ、新そばのかんばんをだしますと、みなたちよってたべてゆきます。こうしてたいへんはんじょうするようになりました。

いっぽう、大阪にくだった重蔵の生活は、まえにも書いたとおりです。そのうえ長男の富蔵が、父に似ぬいくじなしで、勉強もろくにせず、また武芸もはげみません。そこで父はこの子につらくあたりましたが、それをかばってくれる人もありません。富蔵が自分の子どもに書いた文のなかに、

重蔵の三田の下屋敷。富士山（右上）に立ち向かうように新富士を築いた。

「父は短気もので、八人も妻をかえた。またたくさんの女をそばへおいたが、ながつづきすることがなかった。わたしも重蔵のほんとうの妻の子ではなかった。だから生まれたときに殺されてしまうはずであったが、祖父・祖母のなさけによって助けられたもので、三歳までは父の顔も知らなかった。しかしわたしは父のようにものおぼえはよくなく、本を

読むのもいやで、八、九歳のころ先生についていろはやすこしの漢字をならったが、すぐやめてしまった。絵もあまりじょうずではなかったが、十三歳のとき法隆寺（奈良県）と東大寺（奈良県）の宝物の絵巻物をうつしたのを福山（広島県）の城主阿部正精《まさきよ》に父が見せたところ、よくできたとほめてくれたそうである。学問のほうもすこし勉強したがすぐやめてしまった。和歌は継母に日野大納言の子だといわれる人があって、その人にならったことがあった。そのほか武術もならったが、みなながつづきしなかった。」

とあります。そして、なにひとつまなびとることができませんでした。だから父の目には富蔵は、とてもつまらぬ男とうつったのでしょう。いつもしかられてばかりいました。

　そこで富蔵はたまりかねて、十六歳の五月に家出しましたが、すぐとらえられ、屋敷のなかの一室にとじこめられたまま、どこへゆくこともできなくなりました。六月になると、大阪天満《てんま》の法教《ほうきよう》寺という寺にあずけられて、十月までそこにいました。そのあいだにお経をならい、仏教にこころをひかれるようになりました。

　ところで、富蔵が家出をしたのには、もうひとつ、大きな理由があります。富蔵は十六歳のとき、父につれられて大阪へ来たのですが、ある日、父の使いで出かけていったとき美しい少女を道で見かけました。その日から、その少女のすがたがかれのこころの中にやきついてしまいました。

　まもなくふたりは指月堂《しげつどう》というところでまた出あいました。そして富蔵はあいての少女がそえという名であり、年は十四であることも知りました。富蔵はその少女にあいたくて家出してしまったのです。そして少女のおかあさんにあって、お嫁にほしいというと、おかあさんは「あなたがもっと大きくなり、勉強もし、りっぱな人になったらむすめをあげましょう。」といってくれました。

富蔵はそれから毎日のように少女の家へでかけてゆきました。あまり毎日かようものですから、とうとう父におこられて、いたたまれなくなって、家をとびだしてしまったのです。

しかし、これというあてもなく、また職もあるわけではありません。ただあてもなく京や大阪のあいだをうろつきまわりましたが、いたって気の弱い人ですから、少女の家へはいく勇気がなかったのです。といって少女のことをわすれたのではありません。いっときもわすれることができなかったのです。そして町の人たちにわずかばかりわらわれたからといって、刀をぬいて人をさわがしました。そのため家へとじこめられてしまうようになったのです。

富蔵はなんとかしてもうすこし勇気のあるりっぱな若者になりたいと思いました。十七歳になったとき、京都の石清水《いわしみず》八幡宮にまいって一週間ほどおこもりしました。そのとき断食《だんじき》して、兵法《ひょうほう》をまなんでりっぱな兵法家になりたい、と祈りました。すると夢のなかに神さまがあらわれて、望みはかなえてやるといいましたが、お祈りをするだけではどうしようもありません。熱心に勉強しなければなりません。富蔵はこんどこそほんとうに熱心にまなびたいと思いましたが、まもなく父は江戸へよびもどされることになり、富蔵も父について江戸へかえりました。

しかし遠くはなれればはなれるほど、富蔵には大阪の少女のことが思いだされ、あいたくてたまらなくなります。そういうむすこが父にはたいへんいくじなしに思えたのでした。そしてとうとう勘当《かんどう》（親子の縁を切ること）されてしまったのです。

そこで富蔵は、少女をたずねて大阪へゆこうと思い、菩提寺にとまると、住職は、「もうその女のことはあきらめなさい。むしろ坊さんになってはどうでしょうか。越後（新潟県）高田に仏光寺という寺があるから、そこへいってごらんなさい。修行をつんでこころもおちつけば、女のこともあきらめられ、また学問もすすめられましょう。」といいました。富蔵もその気になり、高田の仏光寺へゆきました。

そこでいっしょうけんめいにお経をならい、また仏教の修行をしましたが、やはり少女のことがわすれられません。そして寺をぬけだして大阪まであるきはじめたのです。お金もなにももっていませんから、家の門口《かどぐち》にたってお念仏をとなえて食べものをもらい、野原や山にねながら大阪までたどりつきました。からだはあかだらけで、きものはよごれ、いまは見るかげもありません。そのみすぼらしいすがたで少女のまえに立つ勇気はなく、富蔵は大阪まできながら、少女にはあわないで、また越後へひきかえしました。

しかし、ただ坊さんになるには、まだまだ決心がつきませんでした。今日から見ればとても純情な人だったのですが、おとうさんから見ればいくじなしにうつり、富蔵もまた自分をそんなふうに思いこんでしまっていたのです。

そして越後へかえってみても、こころはおちつきません。しかもそれを相談し、富蔵のちからになってくれるような人もありませんでした。しかたなく富蔵はまた越後をでて大阪へむかいました。こんどはどうしても少女にあい、結婚したいと思いました。高田から長野県の柏原に出、善光寺・松本・木曾路をあるき、大阪までたどりつき、少女の家をおとずれると、その母は富蔵のすがたのあまりにもみすぼらしいのにおどろき、むすめにあわせようともしませんでした。富蔵はその母のつめたさにいかりもせず、かえって自分がわるいのだと思い、そのままひきかえしてきました。

しかし、あるところには「恋しき妻をひとめ見て」と書いていますから、あるいはちらっと見たのかもわかりません。

そのかえりに京都の六角堂によって、二十一日のあいだ自分の弱いこころが強くなるようにとお祈りをし、こころをいれかえたつもりで江戸へかえってきました。そしておとうさんにあって、かならずりっぱな人になりますからとちかいました。父も今までになくきっぱりしたむすこの態度に満足してすべてをゆるし、はじめて親子らしい気持を持つようになりました。

5 富蔵の殺人

父重蔵がこのようにおれたのも、しだいに年をとり、また思うにまかせぬことが多かったからでありましょう。だいいち暮らしむきがわるくなっていました。これというつとめもないと、収入は幕府からもらう米だけになります。それでは、今までのような生活をすることはゆるされません。だんだん金にもこまってきて、蠣殻町の家を六百五十両で売ることにしました。そして巣鴨に屋敷をもとめました。しかしそこは江戸の中心地から遠くはなれすぎています。そこで目黒の三田村の屋敷を修理してそこへ住みたいと考えました。

ところがるすをたのんだ半之助は、新富士の見物客の多いところからその土地がほしくなり、近藤家の土地も自分のものだと主張しました。しかしそのいいぶんは役人のほうがみとめませんでした。そこで重蔵は半之助の屋敷とのさかいに竹矢来をつくり、家の修理をはじめることにしました。すると半之助はごろつき二十四、五人をあつめて、それをじゃましはじめました。半之助はそれぞれのごろつきに竹槍をもたせ、また、とうがらしを紙につつんで目つぶしをつくり、庭に大釜をすえて湯をたぎらせ、自分は六尺のビワの棒をたずさえて、重蔵がやってくると、大声でののしりました。

重蔵は武士であり、半之助はただの百姓です。そのころは武士は権力がつよく、百姓は武士のまえでは頭はあがらず、いいなりになっていたものといわれていますが、かならずしもそうではなかったようです。

重蔵は半之助のやり方にたいしてたいへん腹をたて、斬ってすてようとしましたが、近所の人たちになだめられて、その日はそのまま隅田川のほとりの仮住居《かりずまい》へかえりました。

それにしても、近藤重蔵といえば、えぞ地開拓者としてその名を知られた人でしたが、いまは百姓にすらあなどられるほどになっていたのです。

重蔵はそこで役所へうったえてでましたところ、そのいいぶんの正当なことがみとめられ、半之助は奉行所からおしかりをうけました。両家のさかいに垣がつくられ、近藤の屋敷へ半之助の出入りはさしとめられ、近藤の家にも人が住むようになりました。そして重蔵はこの屋敷にいろいろの手入れをして、しだいにりっぱなものにしましたが、半之助のいやがらせはそのあともやむことがありませんでした。

富蔵は半之助がごろつきをあつめていやがらせをしているころ、大阪から江戸へかえってきて父にあったのでした。そして半之助のやり方を見ていつかこらしめてやらねばならないと思いました。また、いっぽうではしだいに気の弱くなっていく父を見て、父を助け、また家族みんなが三田の屋敷に住むようにしたいと思いました。そして三田の屋敷の手入れのために、いっしょうけんめいに働きました。

父もまた富蔵の働きぶりを見て、すっかりこころがなごやかになり、はじめて親子らしい生活をするようになったのです。ですからこのままますごしてゆけば近藤重蔵はもういちど学問に熱中し、学者として一生をつらぬきとおすことができ、富蔵もまた父の子として安定した生活をおくることができたかもわかりません。けれども、となりの半之助のいやがらせはいよいよつのるばかりで、さかいの垣をこわしたり、玉川用水にかけた橋をこわしたり、目にあまるようなことをしました。

はじめのうち、富蔵は隅田川のほとりの仮住居から三田へ八キロの道をかよって、家の普請や庭つくりなどしていました。しかしどうもとなりの半之助のそぶりがおかしいので、あるいは放火でもされるとこまると思い、重蔵は三田の屋敷に富蔵を住まわせ、

「もし半之助が乱暴するようなことがあったら、斬ってすててもよい。」

といって、関《せき》の孫六《まごろく》の名刀と、文殊四郎《もんじゅしろう》の長刀《なぎなた》に、半弓《はんきゅう》と矢をそえてあたえました。富蔵はいつかは半之助と刀をぬいてあらそうような日がくると考えて、高井庄五郎という元気な車ひきを召使《めしつかい》にやとい、三田の屋敷に住むことになりました。

庄五郎はなかなかしっかりした男で、うでっぷしも強く、またきわめて誠実な人でした。生まれは三田から西北へ八キロほどのところにある多摩郡高井戸村永福寺（東京都杉並区永福町）でした。若いころから百姓のかたわら牛や馬の医者をしていて、村人にはたいへん人気がありました。

その庄五郎が、となりの松原村（世田谷区松原町）で美しいむすめを見かけました。色は黒く、からだはがっしりしていて、いかにも百姓むすめという感じですが、明るい、ういういしいむすめでした。庄五郎はそのむすめをひとめ見てすきになってしまったの

です。そしてそのむすめの家へ毎晩遊びにゆきはじめました。そのころ日本の村々では、結婚は一つの村の中の者どうしでおこなうことが多かったのです。したがってそのむすめも松原村の若者のところへお嫁にゆくだろうと思っていたところ、となりの村から若い男がやってきはじめたので、松原村の若者たちは、暴力で庄五郎をむすめの家へよせつけまいとしました。

むすめの両親はどうなることかとおそれて、むすめを江戸の旗本の花房《はなぶさ》志摩守の家へ女中にやりました。すると庄五郎も村をすてて江戸の麹町《こうじまち》の八百屋へ奉公にいってしまいました。庄五郎はよく働いて、その店の番頭になりました。そしてあるとき花房家へ野菜をもっていって、ぐうぜんそこで女中をしている松原村のむすめにあいました。そしてそのむすめと結婚することにし、八百屋をやめて車ひきになったのです。

思ったことはなんでもぐんぐんやりぬく庄五郎を見て、富蔵はたいへん感心しました。それにすこしもよく深いところがなく、正直で、またたいへんな妻思いです。

富蔵はなんでも庄五郎に相談するようになりました。するとまた庄五郎はその妻に相談します。庄五郎の妻はとなりの家の半之助が毎日毎日大声で近藤家の悪口をいっているのに、つよいにくしみをおぼえていました。だから富蔵のすることが、いくじないものに思えました。半之助は富蔵の悪口もさかんにいうのです。むかしは武士は、はずかしめをうけたときはあいてを斬ってもよいといわれていました。しかし半之助は、富蔵のようないくじなしには、とうてい人は斬れまいと思っていたのでした。

富蔵はしだいに半之助を斬らねばならぬと思うようになりました。半之助には林太郎と忠兵衛というふたりのむすこもあります。このふたりも斬らねばならぬ。三人をあいてにひとりではむずかしいから、庄五郎にすけだちをたのむことにし、半之助になかなおりしたいからといって、だまして親子三人をよびだして斬りつけたのです。文政九年(一八二六)五月十八日の夕方のことでした。

ところが三人だけを斬ったのであれば、武士の名誉をきずつけた者を斬ったということでゆるされたのでしょうが、そのとき半之助と林太郎の、妻まで殺してしまったのです。いくら武士とはいえ、ちからない者をわけもなく殺すことはゆるされません。

このできごとはあくる日、父重蔵のもとに知らされ、また役人へもとどけだされました。けれども重蔵はこのことをきいてたいへんよろこび、富蔵にもそれほどの勇気があったのかと感心しました。さっそく三田の屋敷にいって、富蔵を勘当したときの書類をやき、富蔵守信《もりのぶ》の名を孝蔵守忠《こうぞうもりただ》とあらためさせ、正式に自分のあとをつがせることを申しわたしました。

富蔵のよろこびようはひととおりではありませんでした。

「手にとまったカさえ殺せないではありませんか。」

と大阪の少女にわらわれたほどの富蔵だったのですが、

「わたしには人を斬るほどの勇気もある。やはり武士の子なのです。」

と大阪の少女に手紙を書き、また結婚を申しこみました。人を殺したことがどんなに悪いことであるかを反省するまえに、自分にも勇気があったのだというよろこびのほうが大きかったのでした。しかしその罪はゆるせないものでした。

五月二十一日夜、富蔵は南町奉行所へよびだされ、筒井伊賀守から取りしらべをうけることになりました。富蔵は正直にありのままを申しのべますと、奉行はそのままかえってよいといったので、富蔵は家へかえってきました。まちうけていた父はようすをきいて、

「とにかく罪は罪であり、奉行所へよびだされたからには、たぶん武士としての資格ははぎとられるであろう。そうなれば大阪へいって、婚約のむすめと結婚し、町人としてすえながく暮らすがよかろう。生活費は自分が送ってやるから。」

といいました。

富蔵ははじめて父親のほんとうの愛情にふれることができたように思いました。もともと重蔵にはじつにやさしい半面があったのでした。また誠実な人でもあったのです。そういう父を尊敬もし、すきでもあったのですが、親子のこころのふれあうことがそれまでにほとんどなかったのです。しかしふれあってみればやさしい父でした。だがもうすべておそすぎたようです。

六月三日になると、富蔵ばかりでなく、父の重蔵もともに奉行所へよびだされました。それは富蔵に殺された忠兵衛の妻からうったえでたことについての取りしらべでした。忠兵衛は父の半之助となかがわるく、別居していました。その忠兵衛をうまくさそいだ

して殺しているのはゆるしがたいことでした。そこで富蔵はさっそくその場でとらえられ、網かごにのせられて小伝馬町《こでんまちょう》（東京都中央区）の牢屋《ろうや》へおくられることになりました。ふつうの人は牢屋へいれられると絶望的になってたいへん苦しむものといいますが、富蔵はかえってこころがおちついてきました。今まであるいてきた道があまりにもみじめであり、なまけてもいたので、こういうところへくるのがあたりまえのようにも思えました。

六月十一日に富蔵はまた奉行所へひきだされて、取りしらべをうけました。こんどは罪人として白洲《しらす》の上にすわらされましたが、わるびれたところはありませんでした。役人たちのいちばんふしぎがったことは、富蔵のように武術のけいこもろくにしたことのない者が、どうして召使とふたりきりで五人もの人が殺せたか、きっと父重蔵もいっしょだったにちがいないということでした。しかし、まえにもお話ししたとおり、この事件は富蔵と庄五郎がおこしたものだったのです。そのことが役人たちにほんとうにわかるまでに三か月もかかりました。そして参考のために取りしらべられていた重蔵の召使の文《ぶん》助《すけ》と助十郎《すけじゅうろう》は、あまりにも暑い牢屋の中で、熱病にかかって死んでしまいました。なにしろ牢屋の中はたたみ一まいに十八人もの人をつめこんでいたということです。

富蔵が牢屋にいるとき、源五郎という者が付人《つけびと》としてきました。富蔵は武士なので牢屋でも特別待遇で、身のまわりのせわをする者がついていたのです。この源五郎という男は毎年讃岐《さぬき》（香川県）の金毘羅《こんぴら》さまへまいりました。そのことをきいた富蔵は、大阪にいるむすめに自分がどうして牢屋へはいるようになったか、またどんな気持ちでいるかをくわしくつたえてもらうことにしました。源五郎はさっそく金毘羅まいりの旅に出かけて、大阪のむすめのところへよって、富蔵の話をしたのでした。するとむすめは手紙を書いて、源五郎にあずけました。

しかし、源五郎が江戸へかえってみると、富蔵はもう八丈島へながされたあとだったので、源五郎はその手紙をつぎの便船で八丈島へとどけました。そのなかには、

すみぞめのかわらぬ色とながむれば　こころうれしきのりの道かな

という歌と、女の用いる楊子《ようじ》（歯ブラシ）が入れてありました。歌のこころは、「あなたがいつまでもかわらぬこころでいてくださるのがほんとうにうれしい。」ということでしょう。

富蔵の八丈流罪《るざい》のきまったのは文政九年（一八二六）十月六日でした。この日、小伝馬町の牢から南町奉行所へゆくとちゅう、常盤橋で父の網かごと富蔵の網かごがあいました。父はまだ富蔵がはやいうちに牢屋をでるものと思い、

「牢屋にいるときは念仏を申して、こころをしずめなさい。牢屋をでたら、妻をむかえてあげよう。けっして気をおとしてはいけない。」

とさとしました。

しかし、これが親子の永遠の別れになったのでした。富蔵は奉行所で八丈島遠島を申しつけられ、父は近江（滋賀県）大溝の分部《わけべ》左京亮《さきょうのすけ》の屋敷へおあずけにきまったのでした。

たとえ武士が百姓にしたことであり、武士としてのいいぶんはあったとしても、むごたらしいやり方にたいする法のさばきは、きびしいものであったことがわかります。

そして近藤の家の幕府からの給与はとりあげられ、富蔵にとっては腹ちがいの弟である七歳の吉蔵《きちぞう》と三歳の熊蔵は、十五歳になるまで親類へあずけられることになりました。父の重蔵は大溝藩へうつるとさすがに身もこころもつかれはてましたが、学者としての面目をうしなわず、そこで『江州本草《ごうしゅうほんぞう》』という書物を書き、文政十二年（一八二九）六月九日、五十九歳で病死しました。すぐれた探検家の最期としては、ほんとうにさびしいものでした。

6　流人の生活

これまでながながと富蔵が人を殺すまでの話を書いてきました。こういう話は少年少女のみなさんにすべきことではないかもわかりません。しかし富蔵は自分の子どもに読ませるために自分のしたことを書きとめているのです。自分のしたことのよしあしはべつとして、そのなかから子どもたちは自分のおこなうべきこと、ゆくべき道を見つけてほしいと思ったのでしょう。

「自分はいくじもなく、才能もない人間であったけれども、とにかく自分なりにいっしょうけんめいにあるいてきて、しかもこれだけのことしかできなかった。それを人からわらわれても、なじられてもいい、自分としてはこのように生きるよりほかになかった。」

ということを、その子どもにいってきかせたかったのでしょう。

そして半之助を殺してまもないころには、自分も勇気のある人間だと思い、父からもそれをみとめられてよろこんだのですが、だんだん自分の立場がわるくなってきても、べつに失望することもありませんでしたし、八丈島流罪がきまっても、それをすなおにうけました。牢屋につとめている人たちは、富蔵の態度をふしぎに思ったほどでした。すこしもとりみだしたところがなかったからです。

遠島をおおせつけられると小伝馬町の役所で、僧・神官・武士ならば一両、庶民ならばその半分にあたる金二分の手当をもらい、また膳椀・薬・半紙二帖《じょう》をもらいます。すると牢へかえって、そのなかから四百文をだしてお酒や食べものを買って、本土での最後のこころばかりの酒もりをします。富蔵も四月二十五日に、お金と気付薬《きつけぐすり》、膏薬《こうやく》などをもらい、また親類から米やきものをこころづけとしておくられたものを目録に書いてわたされました。この現物は島へついてからわたされるのです。

二十六日には永代橋《えいたいばし》から船がでることになって、妹や弟もおくってきましたし、親類の者もきました。富蔵にはふたりの弟と三人の妹がありました。その弟や妹たちもみなやってきたことでしょう。

流人の船は一年に二回、春と秋にでました。船には警固《けいご》の武士が三人のっています。そして東京湾口の浦賀（神奈川県）までくると、そこに番所があって、流人のしらべをおこないます。そしてそこからまず伊豆の網代《あじろ》か下田へむかいます。そこで順風をまって新島《にいじま》へわたります。

江戸時代に伊豆の島々へ人を流したのは、新島と三宅島と八丈島でした。新島へつくと、この島へ流された罪人を上陸させ、船はその西南にある式根島《しきねじま》にわたります。この島はそのころ無人島でしたが、よい港があって風まちするのにつごうがよかったのです。そして式根島から三宅島にわたります。三宅島では三宅島へ流された人も、八丈島へ流された人もすべて上陸させます。三宅島へわたった者はそれぞれ生活手段をみつけてそこに住みつきます。また八丈島へ流される者は、この島の世話役のさしずにしたがって、半年ほど三宅島でくらし、島の生活になれてから、つぎの船で八丈にわたります。

富蔵はこのようにして、まず三宅島までわたってきました。そして富蔵たちののってきた船へは、半年まえに三宅島へわたってきた八丈ゆきの人々をのせて出帆してゆきました。

富蔵は三宅島で秋まで生活し、秋になって八丈島へわたったのです。

八丈島のまわりは波にけずりとられた断崖になっており、北には富士山とよぶ円錐形の山があり、南には三原山とよぶ山があります。

富蔵は島に上陸すると、流人小屋へうつされました。まず罪人が島へあがると、代官（役人）が流人の名をかきつけたものを見て、島内の大賀郷《おおがごう》・三根《みつね》・樫立《かしたて》・中之郷《なかのごう》・末吉《すえよし》の五つの村の名主《なぬし》（村長）をあつめ、くじびきさせて、それぞれの村へひきとらせます。すると名主たちは自分の村へ流人をつれかえり、九尺二間（六畳じき）の流人小屋をつくって住まわせます。

男たちは健康であれば島民の仕事の手つだいをし、からだの弱い者は小屋にいてぞうりやわらじをつくり、それを島民に食物とかえてもらって暮らしをたてたのです。病気になれば島民のせわになるよりほかにしかたがなかったのですが、たいていはいったん病気になると、よくなることはありませんでした。

小さい島、食料もじゅうぶんない島に、たくさんの流人をかかえなければならないことは、島の人にとってめいわくなことですが、ではどれほどの人々がこれらの島に流されたでしょうか。

記録をしらべてみると、江戸に幕府ができて、明治のはじめまでの二百六十年間に、八丈島は千八百六十五人、三宅島は千二百十三人、新島は千三百三十三人となっています。合計で四千四百十一人、一年に十七人くらいの人が流されていたことになるわけです。それでもあまり働きのない、なかには兇悪な罪人もやってきたわけですから、島民はいろいろとこまることが多かったのです。

ことにききんの年には目もあてられぬぐらい、たくさんの死者をだすことがありました。八丈島の記録を見ていると、元禄十四年（一七〇一）には五百四十三人、正徳《しょうとく》元年（一七一一）には九百九十人、寛延二年（一七四九）には二百人、明和三年（一七六六）から明和六年までの四年間には中之郷だけで七百三十三人が死に、全島では千五百人が死んだということです。島の人口は元禄のころで三千六百六十四人だったといいます。その後ふえて、いまから百年ほどまえには八千人くらいになっていますが、それは江戸時代の中ごろ、この島にサツマイモの栽培がおこなわれるようになったためだといわれています。それにしても、島の暮らしはむずかしかったのでした。

富蔵は島へつくと、三根村にひきとられました。かれは、背たけが一・七六メートルもある大男で、がっしりしたからだをしていましたが、いたってはにかみやで、おとなしい人でした。わらうと、なんともいえぬ、子どもっぽいやさしい目をしていたといいます。そしてからだにとまっている力をすらたたきおとすことのなかった人です。島の生活がはじまりますと、すぐからだにシラミがつきましたが、そのシラミを殺すこともありませんでした。

富蔵はただ毎日、ぼんやりと遠くを見つめるような目つきをしていることが多かったのです。それは大阪にいる婚約のむすめのことを思い出しているときでした。富蔵ははじめのうちは運よくはやくゆるされて、江戸へかえることもあるのではないかと、こころだのみにしていました。それは八丈島へ流された千八百余人のうち八百人ほどがゆるされて、本土へかえっている事実があるからでした。

そして赦免（罪をゆるす）のたよりのある年にはふしぎに大賀郷の慈雲《じうん》の墓のそばにあるソテツの花がさきました。文政年中にこの花のさいたときには、六十六人の者に赦免のたよりがもたらされ、天保《てんぽう》年中にさいたときにも、四十一人がゆるされています。そこでこのソテツの花のことを島の人たちは赦免花とよぶようになりました。

慈雲というのは無実の罪で延享四年（一七四七）三月、この島に流され、宝暦五年（一七五五）五月十七日に死んだ、江戸麹町竜眼寺《りゅうがんじ》の僧でした。無実でありながらゆるされることもなく死んでいったのです。

その慈雲の墓のほとりにあったソテツに花のさく年は、きまったように赦免状をもった船がやってくるのです。

うれしさを人にも告げんさすらへの　みゆるしありと赦免花さく

としるされた石碑が、明治元年（一八六八）にたてられています。その歌は何回となく流人たちの口のはにのぼっていたものでした。富蔵が島へわたってきてからも、この花は何回かさきましたが、富蔵赦免のしらせはありませんでした。

富蔵は島へわたってまもなく、大賀郷の百姓栄右衛門のむすめ逸《いつ》と結婚しました。もともと流人は正式に結婚できず、流人のせわをする女のことを水汲女《みずくみおんな》といったといいますが、逸は富蔵とはいちおう正式な結婚をしたようです。それは逸も流人の子孫だったからです。

この島に最初に流された流人は浮田秀家《うきたひでいえ》（宇喜多とも書く）といいました。秀家は岡山の殿さまで、豊臣秀吉につかえ、いちじは秀吉の養子として愛せられ、秀吉が朝鮮へ兵を出したときには、その総大将として出陣しました。秀吉が死んだのち、慶長五年（一六〇〇）の関が原の戦いには、豊臣方に味方して、徳川家康と戦ってやぶれ、八丈島に流されたのです。

そのとき秀家だけでなく、一家のものも流され、この一家はその後も本土へかえることをゆるされず、また八丈島民のなかへ入りまじることもゆるされないで、小さいながら浮田村をつくって、明治までつづいてきたのです。逸の父は秀家の二男秀継の八代めの孫にあたっていました。

妻をむかえ、子どももできたのだから、むかしのことはわすれてしまってもよさそうですが、天保十年（一八三九）十一月二十四日、まえに婚約したむすめが嫁にいったゆめをみるまで、富蔵はそのひとのことをあきらめることができなかったのです。しかしこのゆめをみてからは、ようやく本土へかえることをあまり考えなくなってきました。

富蔵は正式の学問をしたことはすくなかったけれど学問ずきな父のそばにいたので、おのずからいろいろの書物に目をふれることもあり、また、学問にたいする態度も身についていたのでしょう。そこで島におちついてからは島民にすすめられて、子どもをあつめていいろはを教えたり、書物を読むことを教えました。また仏像を修理し、彫刻もしました。彫刻するといっても、道具はきりとのみだけです。それでよくいろいろのものをほりました。またびょうぶやふすまのはりかえをしたり、ときには石垣もきずきました。石碑に文字をきざむような仕事もひきうけました。そして島ではなくてはならぬ人になっていました。

島には紙がすくないので、手習《てならい》師匠はじゅうぶんにできませんでした。そこで子どもをあつめて、土に字をかいて教えたともいわれます。また、びょうぶやふすまのはりかえのとき、あまったきれはしの紙をだいじにとっておいて、そういうものへ、自分のこころおぼえを書いておくこともありました。

7　『八丈実記《はちじょうじつき》』

富蔵は字も書けるし、また記憶のよい人でいろいろのことをよくおぼえているということが、やがて、島の代官所の役人にもわかりました。富蔵は、八丈島のことについては、八丈島に生まれた者よりもときにはよく知っていることもあったのです。これを見た役人は、富蔵に紙と筆をあたえて、八丈島についてのことをいろいろ書かせてみることにしました。島では白紙は貴重なもので、ふつうの人は手にすることがほとんどなかったのです。

富蔵が八丈島のことをくわしく書きのこそうと思うようになったのについては、もうひとつわけがありました。富蔵には逸女《いつじょ》とのあいだにミサオ・守一《もりいち》・千代野《ちよの》という三人の子がありました。そして守一は富蔵にとってはこのうえもなくかわいい子でした。守一が十一歳になったとき(弘化三年――一八四六)、富蔵は守一を江戸へ旅だたせることにしました。富蔵は流人であっても、子どもには罪はありませんから、旅をすることもゆるされます。そこで、江戸へやって、親戚がどんなになっているか、そのようすも見させ、同時に江戸という大きな町のはんじょうぶりも子どもに見させたかったのでしょう。

しかし、十一歳の子どもに、片道八十日をこえる荒海の船旅は、たいへんな重荷であったと思います。守一は江戸へついて、父からいいつけられた用事もはたし、江戸の町も見て、また船にのって八丈島へ向かいました。しかし、大島まできたときかれは病気になり、そこで船待ちしているあいだに死んでしまいました。死体を八丈まで持ってかえることはできないので、大島にうめ、船人たちは守一の持ちものを富蔵にとどけました。富蔵がどれほどがっかりしたかは、いいようもないものでした。

富蔵はせめて、子どもの供養のためにも、なにか仕事をのこしておきたいと思うようになりました。そしてその翌年から本格的に八丈島のあらゆることについてしらべ、それを紙にしるしはじめたのです。しかしいつもつくえのまえにすわっているわけでもなければ、村のなかでの高い身分でもないのです。まったくの流人にすぎません。そして、その生活は、いたって貧しいものでしたが、働きのかたわら、それこそ八丈島についてのいろいろの記録をあつめ、またいいつたえや年中行事などをいちいち紙にうつしはじめたのでした。わずかな紙をつかってのことですから、書きそんじたからといってやぶることもできなければ、下書をしておいて清書するというようなこともできません。だから書いたあいだへ書きこみをしたり、ときには墨で消すこともあります。また紙がなくなると仕事をやめなければならなくなります。

こうして安政二年（一八五五）五十一歳のときには「八丈実記《はちじょうじつき》」二十八巻をかきあげた」と本のはしに書いています。それにさらにいろいろ書きこみを加えて、五十六歳のころにはいちおう自分の知識のなかにある八丈島のことは書きあげてしまったようです。この書物を見た島役人の長戸路《ながとろ》・奥山のふたりはたいへん感心し、さらにりっぱなものにしてもらうために、島の古い家にのこっている記録類を見せてもらう機会をつくってくれました。これはふつうの人ならばともかく、流人としては考えられもしないようなことでした。それほどまた富蔵は、人々から尊敬されるようにもなっており、島民も富蔵を自分たちとおなじにつきあうようになっていたのです。

そしてついに、七十二巻の草稿をしあげたのでした。そのなかには、島の政治・経済・宗教・地理・風俗習慣・教育制度など、あらゆることがしるされていました。それをひとりの流人が書きあげたのですが、それは富蔵がほんとに島を愛していたからでしょう。

そして富蔵もまた重蔵の子だということができます。父は若くして幕府の命によって北海の探検と開拓のためにつくし、また多くの書物を書きました。そしてその才能もじゆうぶんみとめられていました。しかし富蔵は子どものときから、なまけもの、いくじなしと親にも見られ、自分も信じ、世間の人もそう思っていたのです。そして人を殺して八丈島という小さい世界のなかにとじこめられてしまったのですが、ふつうの流人のようにそのままくちはててしまうことはなかったのです。小さい社会のなかで、流人としての不自由な生活をしながらも、りっぱに生きぬいてきました。

ところが明治になって、江戸幕府がたおれて、武士が政治をとることがおわり、また流罪の制度もなくなって、多くの流人はゆるされて本土へかえってゆきました。けれども、富蔵にだけは赦免の通知がきません。明治八年（一八七五）には、長いあいだ苦労をともにしてくれた妻がなくなりました。女の子ふたりはそれぞれ嫁にゆき、長女のミサオは明治三年、東京へ出ていって、富蔵はまったくひとりぼっちになりました。

こうして、流人小屋で長年かけて書いた『八丈実記』とともに、くちはてていくのではないかと思いましたが、明治十一年東京府の役人が島の視察にやってきて、まだゆるされていない流人のあることを知るとともに、その流人がりっぱな本を書いていることを知らされ、その本もじっさいに見ておどろきました。そして七十二巻のなかの三十三巻を清書してさし出すようにと、紙と筆をあたえました。富蔵のよろこびはこのうえないもので、

捨てられし海原とおく八丈《やたけ》なる　草も花さく御代ぞたのもし

という歌をつくっています。「わすれさられようとしていた海原のはてにある八丈島も、『八丈実記』を通じて世のなかに知られるようになる時勢はたのもしいものだ。」という意味です。富蔵はそれから二年のあいだ、いっしょうけんめいに『八丈実記』の原稿を清書して東京府へさしだしました。そしておなじ年、すなわち明治十三年の二月に赦免の通知もきたのでした。そのとき富蔵は、もう七十六歳の老人になっていました。

富蔵の書いた三十三巻の書物はいまも東京都政資料館にのこっており、またそのうつしが八丈支庁に保存されています。

ところで七十二巻あったというのですから、のこりの三十九巻はどうなったのでしょうか。その分はいますこしものこっていません。したがってどういうものであったかもわかりませんが、いまのこっているものを見ても、よくこれだけのことをしあげたものだと、こころをうたれずにはおられません。

しかしこの書物も活字の本にされることはなかったのですが、最近やっとこれを五巻にまとめて活字の本にすることになりました。八丈島はどういう島であったかということを知るのには、この本ほどくわしいものはほかにありません。

8　八丈よいとこ

富蔵は赦免のしらせをうけても、しばらくは島にとどまっていましたが、その秋、こころをきめて東京へ出てみることにしました。さいわい島の長戸路家の船が出るのに便をかり、二女の千代野と孫の利千《りち》をつれて、十月二十日に八丈島を出帆しました。船はまえとちがい、帆柱が二本になっていて、船脚《ふなあし》もはやかったのですが、とちゅうで強風にあってふきながされ、三重県度会《わたらい》郡神之浦へながれついたのは、二十五日のことでした。そこで一晩とまって、翌日は東にむかって出帆し、二十七日には東京築地につきました。八丈へわたるときには八十日（とちゅうで三宅島にいた日数をのぞいて）もかかったのですが、こんどはとちゅうで漂流しても一週間で東京へつきました。築地へは長女のミサオがむかえにきていて、その夫の家へひとまずおちつきました。

東京へかえってみると、富蔵の目をおどろかすようなことばかりです。だいいち江戸が東京という名にかわっています。また将軍はいなくなっており、将軍のいた江戸城は宮城と名がかわり、そこには天皇がいます。刀をさしてあるいていた武士はいなくなり、みなちょんまげを切ってザンギリ頭になっています。海には石炭をたいてはしる汽船のすがたを見ることもできます。そればかりか、町には洋服を着た人のすがたもチラホラ見かけるのです。

東京にかえった富蔵は、まずふつう一般人として戸籍に名を書いてもらわねばなりません。むかしは罪をおかして島流しにあうと、戸籍から名を消されてしまったものです。そこでさっそく手つづきをとり、やっと一人まえの社会人になりました。

富蔵はまだ島にいるとき、大阪にいる弟の守信（子どものとき熊蔵といった）から長い手紙をもらいました。手紙を出したのは明治十一年（一八七八）七月二十八日だったのですが、富蔵がうけとったのは十二年の閏《うるう》三月二十九日でしたから、九か月もかかったことになります。それでも新しい郵便法のおかげで、飛脚をつかわなくても手紙がとどけられるようになったのです。

その手紙によると、六月十日の東京新聞と報知新聞に『八丈実記』のことがみえていて、にいさんが元気で、七十歳をすぎても勉強しておられることを知って、まったくこころをうたれたと書き、そのあとには明治元年以来の一家のようすがこまごまと書かれていました。そして守信はそのころ、大阪府につとめており、守信のむすこは大阪裁判所につとめていました。またこの手紙のおしまいに、富蔵のこころにかかることがしるされていました。

「まえに大阪の真宗の本教寺《ほんぎょうじ》という寺の住職は、わたしのおかあさん（クニという人）に関係があるとききましたが、お寺がどこにあるかよくわかりません。またおかあさんの里は大阪靭《うつぼ》の北国屋ときいたことがありますが、これもよくわからず、先祖のお墓まいりもできないでおります。もし知っていたらおしらせください。」

とありました。本教寺というのは、富蔵にはわすれることのできない寺でした。その寺のむすめが富蔵の婚約者だったのです。そこでどうしても大阪へいって、婚約者のこともしらべてみたいと考えました。

さて東京へかえってみるといろいろのことがわかりました。富蔵の赦免を願いでてくれた人は一族の者ではなく、長崎県生まれの船頭で、平野富次《ひらのとみじ》というものでした。

富次は八丈島へわたって、富蔵のいろいろのうわさをきき、こういう人をいつまでも島にとどめておくのは気の毒だと思い、明治維新になると同時に願いでたのでした。それがいろいろのゆきちがいがあって十三年までのびたのです。そのころは富次は船頭をやめて東京の石川島造船所につとめていましたが、富蔵は東京へかえってきて、人のこころのあたたかさにうたれました。いっしょうけんめいに生きておれば、どこかでだれかがささえになっているものです。

やっとこころもおちついたので十二月九日、東京から汽船にのって三重県の四日市までゆきました。これも富蔵には大きなおどろきでした。

四日市に上陸すると、まず父の墓のある滋賀県大溝へあるいてゆきました。大溝は琵琶湖の西岸にある小さな町です。そこの瑞雪院《ずいせついん》という寺に墓はありました。この寺は分部《わけべ》家夫人の菩提寺でした。父の位牌は分部家の菩提寺円光寺にありました。分部家では近藤重蔵を手あつくもてなして、かれの死ぬまでよくめんどうを見たのでした。りっぱな功績をもちながら、富蔵のようなむすこをもったばかりに、一家はなればなれになり、失意のうちに死んでいった人ですが、分部家の人々が父を手あつくもてなしてくれたということで、富蔵はなんとなくほっとしたのです。

大溝から京都へ出、川船で淀川をくだって大阪へついたのは十二月二十三日でした。さっそく弟のところをたずねていってみると、大阪府のつとめはやめて、その妻の郷里である福島県須賀川《すかがわ》へいったとのことで、甥の昴蔵をたずねてゆきました。十二月二十五日、富蔵は本教寺をたずねていきました。そして六十年まえのことをいろいろときいてみましたが、だれも知っている人はありませんでした。いったいどこへいってしまったのでしょうか。たぶん親もむすめも死んでしまって、あとがたえたのでしょう。どこかに生きておれば、すこしはようすがわかるはずです。富蔵のこころの中にははじめて出あった十四歳のときの少女のすがたがいまもやきついており、そのひとの供養のために西国三十三か所の札所《ふだしょ》（観音をまつった霊場）をおがんでまわろうと思いたちました。

そのまえに、大溝の円光寺で見た分部家の位牌がたいへんいたんでいるのが気になりました。父のせわになった殿さまの寺です。明治十四年（一八八一）二月のはじめ、大阪をたって大溝へゆき、二十日ほどかけて位牌の修理をしました。それからその付近の寺々を七月下旬までまわってあるきました。

仏像の修理をしたり、お経文を書いてやったり、そのあたりの百姓たちのよい友だちになって日々をすごしたのでした。そして民家にとめてもらってたべるごはんがなによりもおいしかったのです。八丈島におれば、サツマイモやアシタバのようなものばかりたべていたのですが、滋賀県では米もたべられます。ダイコン飯や、タケノコ飯もごちそうになります。富蔵にはそれがもったいないことに思えました。そして人々にひきとめられるままに、半年ほどすごしたのですが、七月二十五日、大阪にかえってきて、七月二十九日、いよいよ西国三十三か所巡礼の旅にでるのです。暑い日ざかりの道を七十七歳のおじいさんがあるいてゆくのですが、その足どりはしっかりしたものでした。

まず大阪の四天王寺へまいり、大阪の東南の藤井寺にまいりました。巡礼のしたくをしていると、農家では昼ならば昼飯をだしてくれ、また善根宿《ぜんごんやど》といって、ただでとめてくれる家がありました。しかし山の中で日が暮れると野宿しました。日記のなかには、いたるところに野宿と書いてあります。善根宿へとめてもらうと、ただとめてもらうのはもったいないとして、かれは、すぐからかみのはりかえをしたり、また仏壇の位牌やほとけさまがいたんでいると修理しました。ときにはとまった家の子どもにせがまれて、絵本なども読んでやることがありました。そうすると宿をしてくれるばかりでなく、お金をくれることもあります。

大阪府から和歌山県に出て、紀ノ川《きかわ》すじについてくだり、海岸をあるいて田辺まで南にくだり、そこから山中の道をあるいて熊野川の中流にある本宮へ出ました。そうしたとき、かれは宿屋へとまると、いちいち宿賃を日記に書きとめました。一晩で十二銭五厘とか、九銭というものでした。

本宮《ほんぐう》の西のほうに湯の峯という温泉があります。本宮へまいる人はかならずこの温泉にひたったということです。本宮というのはほんとうの名まえは熊野坐《くまのにます》神社といい、熊野川口の新宮にある熊野速玉《はやたまの》神社、那智《なち》にある那智神社とともに熊野三山とよび、八百年もまえにはこの三山にまいる人たちで道がうずまったといわれますが、富蔵が熊野へまいったころは、おまいりする人はずっとすくなくなっていました。さて富蔵は湯の峯の宿にとまったのですが、日記には宿賃五銭、湯にはいる金と夜具を借りる金が一銭、米三合たいてもらうのが四銭八厘とあります。十銭八厘で温泉へとまることができたわけです。富蔵は「ここの主人はいたって正直だ。」と書いています。そのころの物価にくらべて、いま千五百倍くらいになっているというのですから、十銭八厘を千五百倍すると百六十二円になります。いかにも安い温泉宿だということがわかります。

そして本宮から那智まであるき、八月二十二日には西国三十三か所第一番の札所の青《せい》岸渡寺《がんとじ》へまいっています。この寺のほとりには那智の滝があります。富蔵はそこから海岸をとおって大阪のほうへひきかえしてきました。とちゅう食あたりに苦しみ、宿もなくてこまっていると、しんせつな人がいて、村役人にとどけでて、とある小屋の中へとめてくれたばかりか、近所の人が食事をもってきてくれたこともありました。また村長のせわで医者も来てくれて、一週間ほど療養して元気を回復しました。そういうとき富蔵は村人たちのあたたかいこころをなによりもありがたく思いました。こうして九月二十一日には和歌山までかえり、さらに粉河寺《こかわ》へまいりました。とちゅう紀ノ川をわたりました。川のほとりの茶屋の女が、大声で富蔵をよびとめてサツマイモをくれました。富蔵はそれがとてもうれしかったのでした。

粉河寺から山をこえて大阪府へ出、十月六日に大阪へつきました。富蔵はそれから東海道を東京までかえることにしましたが、昂蔵は伯父さんに旅費として五円くれました。

富蔵は「あまりにもすくない」と書いています。あまりゆたかでない甥の家では、富蔵のようなお客にはこまったのでしょう。

富蔵も長居してはいけないと思ったのでしょうか、その翌日大阪をたって東へむかってあるきはじめました。そしてもういちど大溝へよって、父の墓におまいりしました。それから東海道を東へ東へとあるいてゆきましたが、こんどは巡礼の旅ではありませんから善根宿もなければ、ほどこしをしてくれることもありません。すべて旅籠《はたご》へとまりました。旅籠というのは食事をだす宿のことです。そのむかし、父につれられてこの道を上下したときはすべて本陣どまりでした。

本陣というのは、大名のとまる宿でした。父は奉行だったので、父といっしょのときは大名待遇でしたが、こんどは貧乏なひとり旅です。それだけに人のしんせつ、不しんせつもよくわかります。

十月三十一日、富蔵はまたはげしい腹痛におそわれて、死ぬほど苦しみましたが、村の村長がかいほうしてくれて、いのちが助かったのでした。そして十一月十四日、ようやく東京へたどりつきました。

十一月十日、箱根山をくだるとき、文久銭を三まいしかもっていませんでした。乞食をしたいけれども、はずかしくてそれもできず、病後のこととて一日に十二キロくらいしかあるけず、道みち農家でサツマイモをもらってたべながら、野宿をかさねて神奈川までできました。神奈川から東京へは二十八キロといいます。弱りきった富蔵の足では三

日はかかります。宿へとまる金もありません。こまりはてていると、見知らぬ若い女が、

「近藤さんではありませんか。」

といいます。

「そうです。」

と答えると、

「どちらへゆきます。」

とききます。

「東京へ。」

と答えると、

「それでは今夜はここへおとまりなさい。わたしの知った家へ宿をたのみます。」

といってつれてゆき、あしたの茶代に、といって十銭くれました。富蔵はしみじみ人のなさけをありがたく思いました。

宿へとまると、おなじへやにひとりの人力車夫がとまっていました。その男がしきりに武術のはなしをします。そこで富蔵は武術なんかは知らぬのがよい、強いのに出あったらにげるのがいちばんよいというと、そんなことはないといってくってかかります。

富蔵はなまじっか剣道の心得があったばかりに、人を殺すようなことをしたのです。こちらが強がりさえしなければ、半之助ももっと話をわかってくれたかもわかりません。半之助を殺さねばその一家もさかえたでしょうし、富蔵の家もはなればなれになること

なく、富蔵も八丈島へ流されることはなかったでしょう。人はおく病者であってもいいのです。なんといわれてもいい、人にめいわくをかけない人、強がりをしない人になることだ、とむかしのことを思いだしながらその車夫に話しました。

それは富蔵の七十七年のあいだあるきつづけてえた人生のとうとい教えだったのです。車夫は富蔵の話をしみじみきいて、ほんとにそのとおりだと思いました。そして富蔵におおいにごちそうし、また話をきかせてくれたお礼にといって十銭くれました。そしてその翌日は、富蔵を人力車にのせて東京までつれてきてくれました。

東京での富蔵の生活は苦しいものでした。七十八歳になった老人が、他人にめいわくをかけないで生きてゆこうというのは、たやすいことではありません。それにからだも弱くなっていて、毎日薬湯につかってくらしていました。

明治十五年三月六日、山梨県甲府から甥の近藤昂蔵が手紙をくれて、父の守信の死をしらせてきました。富蔵は、弟の守信とは八丈島へゆくときわかれたきり、とうとうあうことはなかったのでした。守信の子の昂蔵はそのとき甲府裁判所の検事補になっていました。

富蔵は罪をゆるされて東京へかえってきたのですが、罪がなくても東京は住みづらいところでした。それに若い時代にすごした東京には、なにひとつたのしい思い出もありませんでした。八丈島にいればみんなが友だちであり、まただいじにしてくれます。あたたかな島人のこころが、ひとりぼっちな富蔵のこころをつつんでくれます。富蔵は急に八丈へかえりたくなりました。そしてその年のうちの便船で、また島へわたってきたのでした。

「こんなにいいところはない。」

島へかえって富蔵はしみじみそう思いました。島の人たちはおどろきました。罪をゆるされて本土へかえった者で、二度この島をおとずれたものはひとりもありません。ところがこの島のほうがよいといってもどってきたのです。島の人たちは富蔵をあたたかくむかえて、三根村大悲《だいひ》閣《かく》の堂守《どうもり》にしました。島へかえってからはもう子どもに字も教えなかったし、からかみのはりかえもしませんでした。あたたかい日はからだにシラミをはわせて、じっと見ていたし、子どもがトンボをとっておもちゃにしていると、白紙をもってきて子どもにやり、トンボをもらってはなしてやりました。よごれてやぶれたきものを着ていましたが、だれもこの年よりを尊敬の目で見ていました。ときどき道にうずくまっていることがありました。アリの行列をじっと見ているのでした。

八丈島の富蔵の墓

大悲閣の堂守になってから五年、富蔵はこの堂の中で八十三歳の生涯をとじました。流人ではいちばんの長生きでした。島民たちがいちように口にしたことばは、

「ほんとによい人であった。」

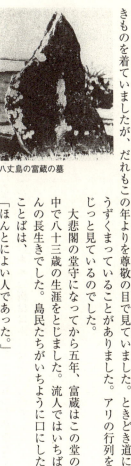

ということでした。島の人たちは富蔵のために、自然石の、こころのこもった墓をたてました。流人と島民のこころがこんなにもとけあった例はほかになかったのです。

松浦武四郎

未開の大陸北海道をくまなくあるいて、内陸の地形をくわしくしるした「えぞ図」をみごとに完成。かれは北海道の名づけ親でもある。

1　えぞ地の探検

わたしはさきに最上徳内や近藤重蔵のことを書きました。かれらは長いあいだ、わすれ去られていたえぞ地――すなわち北海道の重要なことを人々に知らせ、またすすんで北海道を開発するためにいっしょうけんめいにつとめてきた人たちでした。

しかし、北海道開発のためにつくした人は、ほかにもじつにたくさんいたのです。そのなかで松浦《まつうら》武四《たけし》郎《ろう》の名もわすれることができません。武四郎は徳内や重蔵よりももっともっと多くの時間をかけ、北海道の内部をくまなくあるいて地図をつくり、また明治になってからは、北海道開拓のための大方針をたてたひとりでした。

それまで探検へのちからのそそぎかたは、日本よりも外国のほうがはるかに大きかったのです。ロシア人の東シベリア探検と開発は、一六三二年ごろからはじめられていました。それは日本では江戸時代のはじめにあたります。ロシア人はさらに一六三九年には、オホーツク海沿岸のオホーツクにたっし、また一六四八年にはベーリング海峡を北から南へこえ、一七〇六年になると、ワシリー・コレソフという人がカムチャッカ半島の南のはしまできて、その沖にあるシュムシュ島を見ています。

ロシアではその報告にもとづいて、千島列島の探検がはじまります。一七一一年にはコズィレヴスキーがシュムシュ島に上陸し、一七一三年にはホロモシリ、一七二〇年には北から第五島まで探検、一七三八年には第二十九島まで探検しています。こうして北からだんだん南へくだってきたのですが、さらにその南にも島のあることを知り、一七六六年にはイバレンエンチチがエトロフ島にきています。

それよりすこしまえ、日本の手によってクナシリ島の開発がはじまっていました。そしてそれ以前から、クナシリ、エトロフにはアイヌが住んでおり、松前《まつまえ》と交通していました。

このようにしてロシア人と日本人の交渉がおこってくるのですが、ロシア人自身も千島やカラフトや北海道の事情にはくらかったのです。

おなじころ日本もほとんど手さぐり同様に北海道、千島、カラフトの探検をはじめるわけです。それも幕府の命令によるとはいいながら、身分の低い有志たちによってはじめられました。間宮林蔵がカラフトを探検して、カラフトがロシアの大陸とはなれた島であることを発見し、その海峡を「間宮海峡」と名づけるようにしたのも、このころのことでした。

間宮林蔵は、天文地理にくわしかったので、クナシリ、エトロフの沿岸測量にもあたりました。のちに、伊能忠敬《いのうただたか》のえぞ地の測量といっしょにして、「伊能・間宮図」となり、北海道のりんかくは、ほぼ正確なかたちで、はじめてあきらかにされました。

えぞ地で林蔵が、あとからきた忠敬に、ある日あいにゆき、一夜話しあううちに、すっかり意気があってからは、林蔵は忠敬を師とあおぎ、忠敬もまた、林蔵をじっさいの弟のように親しみました。そうして林蔵は、はじめて測量術を忠敬にまなんだともいわれております。

伊能、間宮のふたりが、おもに沿岸地帯の測量をして、えぞ地のかたちをあきらかにしたのにくらべると、これからお話する松浦武四郎は、山や川など、内陸の地形をくわしくしらべて、「えぞ図」といわれるものをあらわし、いまの北海道地図を決定的なものにしたところに特徴があります。

そのほかにも松浦武四郎は、もともとは民族の名を地名に用いて口えぞ・奥えぞ・東えぞ・西えぞ・北えぞなどといって、たいそうまぎらわしかったえぞ地を、あとでお話するように、明治のはじめに「道名《どうめい》の義につき意見書」というものをだして、いくつかのなかから「北加伊道《ほっかいどう》」がいちばんよいと申したてました。やがてそれが採用されることになり、その加伊が海となって、はじめて「北海道」という名まえがうまれたのです。

そのころ、東海道・北陸道・東山道《とうさんどう》などといったよび名がありましたので、北海道もごくしぜんなよび名と受けとられました。

もっとも武四郎は北方探検中に、自分のことを「北海道人」といっておりましたので、たまたま、武四郎のペンネームが道名になったといえます。

　このように北海道の名づけ親となった武四郎という人は、最上徳内、近藤重蔵、伊能忠敬、間宮林蔵などの有名な探検家、地理学者とならんで、徳川末期において北方探検家の第一人者にあげられておりますが、武四郎はいったいどんな一生をおくったのでしょう。

2　おいたちと諸国めぐり

　武四郎は、文政元年（一八一八）二月六日、伊勢国一志《いっし》郡須川村（いまの三重県一志郡三雲村雲津《くもづ》川の南岸の小野江）で郷士の子として生まれました。郷士というのは、いくさのとき以外は、耕作にしたがっている武士のことです。家は代々庄屋をつとめていましたが、かれの父、桂介時春《けいすけときはる》は、有名な国学者本居宣長《もとおりのりなが》の門下として国学をまなび、信心のあつい人で知られておりました。母はとく子といい、武四郎は、ひとりの姉と四人兄弟の末っ子でした。

　そのころの家族制度では、末っ子は、たいへん自由なふるまいができる立場にありました。

　かれのおさないころは、とくにかわったこともありませんでしたが、それでも、茶の湯や俳諧の風流をこのんだ父の影響が、武四郎のひとがらをかたちづくっていったといえます。また小さいころ、よく父にだかれて、おもしろいいくさの話をききながらねむったといいます。

七歳のとき、曹洞宗真覚寺の来応というおしょうさんについて書道をまなびましたが、九歳のときには、ほうそうにかかり、なおると、

「お坊さまになりたい。」

と、しばしばいいました。父はそれをゆるしませんでしたが、武四郎は自分からすすんで方々の僧にちかづいてゆき、このんでお経をとなえたといいます。

また名所図絵や地誌などを読むのがたいへんすきで、日本じゅうの名まえのしられた山にあこがれの目をむけたとか、十歳のとき、父のかたわらで、

きのうから　日もさだまりて　帰る雁《かり》

と俳句をつくり、たいそう父によろこばれたという話ものこされています。

こうして仏教や、父や隣人の影響をうけながら、武四郎はおさないころをすごしたのですが、のちに諸国を旅しながら地誌をたずねたり、有名な山岳にのぼって、こころゆくまで自然の中にとけこめたのも、生まれてから育った環境によるところが大きかったといえましょう。

十三歳のとき、津藩（三重県）の儒者平松楽斎の塾に入門しました。ここではじめて

漢学の論語をまなびましたが、十六歳になると塾をやめて家にかえり、その翌月ひとりで江戸へゆきました。

江戸では、神田お玉が池（いまのお茶の水のあたり）の有名なてん刻《こく》家（木や石に字をほりつけて印をつくる人）山口遇所《やまぐちぐうしょ》のところに寝起きしていました。生まれつき熱中するたちの武四郎は、そのあいだに、見よう見まねで、器用にも、鉄筆で石や木に文字をほりこむわざを身につけたのでした。しかし、ここにも一か月とはおらず、郷里からむかえにきた人といっしょにふるさとに帰りました。そのとちゅう、中仙道をとおり、信州の戸隠山、御嶽にのぼりました。

そのとき十六歳の武四郎は、ひらけゆく眼界のさわやかさといっしょに、自分のこころがひらかれてゆくことのよろこびをひしひしと感じました。

このことは、そののち長いあいだかれを山河の放浪生活においやるきっかけとなり、かれの生涯にとって大きな転機をむかえることになりました。

いちど伊勢の郷里に帰った武四郎は、いつまでもかたいなかにじっとしてはおりませんでした。天保五年（一八三四）九月九日、かれは家をでました。十七歳のときで、ふところには父からもらったわずか一両の金がはいっておりました。たったそれきりの金でしたから、家の人々も、

「どのみち、せいぜい二、三か月もすれば帰ってくるだろう。」

とみていました。ところが、そのあと十年間も帰ってこなかったのです。

十七歳とはいっても、他人のめいわくにならず、自分のちからでやりぬこうと、かたくこころにきめていましたので、そんなにも長いあいだ諸国をあちこちとめぐりあるくことができたのだと思います。

さいしょに、かれは京都にいって、そのころ、学者として有名だった中島棕隠《なかじまそういん》・貫名《ぬきな》海屋《かいおく》・浦上春琴《うらがみしゅんきん》といった人々をたずねてゆきました。しかし、その人々にながく教えをうけることなく、てん刻をしながら諸国をあるこうと考え、みずから一本の鉄筆と一さつの印譜《いんぷ》（いろいろな印を集めた本）とをふところにして、しっかりした足どりで大阪のまちに下ってゆきました。

大阪でたずねた有名人のなかでは、中斎《ちゅうさい》との出あいがすこしばかり注目されます。中斎とは、のちに反乱をおこして有名になった大塩平八郎ですが、すでに隠居しており、そのころ陽明学者として名まえがしられていました。その中斎から、

「おまえ、しばらくここにとどまってみてはどうか。」

松浦武四郎

と、その塾への入門をすすめられたのでした。しかし、武四郎には諸国遊歴ののぞみがつよかったので、それをきっぱりとことわりました。

あいつぐ凶作で貧民がこまりぬいているのをみて、中斎が塾の一門をひきい、市中に暴動をおこしたのは、武四郎に入門をすすめて三年ののちのことでした。もし

あのとき入門していたら、武四郎のその後の運命はきっとかわっていたことでしょう。

大阪をあとにした遍歴の旅人、武四郎は、その後は、四国にわたり、淡路をへて紀州和歌山で年をこしています。和歌山では、たずねた知人が運わるくいなかったために、とうとう、野宿をしました。

翌年、天保六年（一八三五）には、近畿地方と中部地方のあちこちをまわり、さらに八月に東北の仙台・松島へもいって、そこから九十九里浜、銚子（千葉県）をへて江戸にひきかえしました。ひきつづき東海道を上って三河御崎《みさき》（愛知県）をまわり、志麻半島（現在の志摩）の鳥羽（三重県）から海のむこうのふるさとをしのび、さらに紀州・大和（奈良県）をあるいて、阿波（徳島県）にわたり、讃岐（香川県）で年をこしました。

とまる宿代や食事代は、器用におぼえたてん刻の報酬でまかなったし、たまには村役人のところで、四書、唐詩など漢文のお話をしてかせぎました。わずか十八歳でありながら、よくつらいことをもがまんしたものです。しかし、それがあとになって、えぞ地の探検をりっぱになしとげるもととなっていたのです。

天保七年（一八三六）には、四国八十八か所の霊場をめぐりあるき、中国地方へまわり、翌八年には九州地方をひとまわり、天草の富岡（熊本県）で年をこしました。

この九州の旅では、凶作にこまった人々のようすをつぶさにみており、

「ムギが不作で、民家はみな、スミレというものを掘って食う。」

といったありさまで、また武四郎自身も、

「きょうでもう三日間、米を一つぶもたべていない。トウキビの実をたべている。」

などとしるしています。ちょうど、こうしたおりに、大阪では大塩平八郎の乱がおきてさわがれていました。

天保九年二十一歳の春、富岡をたって長崎にもどりました。ところが、武四郎の旅も、けっしてよいことばかりではありません。長崎までもどってくると、かれはここで赤痢にかかりました。

しばらく、おもいやまいの床にありましたが、たいそうしんせつなふたりの看病で、やっと助かりました。そのふたりといいますのは、藤崎惣左衛門《ふじさきそうざえもん》と弁流《べんりゅう》というお坊さんでした。

武四郎は、このふたりの恩をふかく感謝し、ついには臨済宗禅林寺のおしょうさんのすすめで、禅僧になり、名まえも文桂《ぶんけい》とかえました。その日が三月二十八日、ちょうどそのとき、郷里では父が病気で死んでいたのですが、このことは、ずっとあとでかれに知らされました。

お坊さんになり、頭のかみの毛をそりおとした武四郎は、それから平戸（長崎県）の宝曲寺の住職となり、また近くの天桂寺の住職もかねることになりました。こうして三年の歳月がながれました。あとで考えますと、この三年だけが武四郎にとっては、しずかで、やすらぎのある日々だったようです。

こんな生活をおくって、どちらかというと、武四郎は生まれつきの旅ずきのくせを、しぜんにわすれかかっていました。ところが、宝曲寺から千光寺というお寺にうつってきますと、ここからは、海上はるかに、大小の島がみえますし、けしきがとても美しいのです。二十五歳になったばかりの武四郎は、こんなすばらしい風景を毎日ながめているうちに、

「できることなら、なんとしてでも壱岐《いき》、対馬《つしま》へわたってみたい。」

と、こころからそうねがうようになりました。

このようなこころざしは、のちにかなえられて、文桂こと武四郎はひとりの雲水僧(諸国をめぐりあるいて修行する僧)として、壱岐・対馬の島々まで足をのばすことができました。そのときかれは、対馬から遠くにみえた朝鮮の山かげにしげきされて、こんどは、

「このうえは、朝鮮の山にのぼってみたい。」

などというしまつでした。しかし、そのころ外国へかってにいくことは、外国から自由にはいれなかったとおなじように、鎖国令でとめられていました。

郷里から遠くはなれてくらしてきた武四郎にとって、平戸城下の光明寺《こうみようじ》という寺院のあるじ了縁のおしえは、たいへんかれの人となりに影響をあたえました。この了縁こそ武四郎の文芸の先生であったといえましょう。生まれつき父に似て、文芸をこのみ、少年のころから鉄筆をじょうずにつかいこなせてはおりましたが、のちにりっぱな詩や文

章、それから絵画がかけるようになったのは、この寺のあるじ了縁のおかげです。

のちにえぞ地の探検で、おおいに役にたった、文章をいきいきとつづることや、じょうずな写生画は、なんといってもこのときに、了縁のおしえによって、しらずしらずのうちに、しかも着実にやしなわれたものでした。

伊勢の自分の家をでてから十年間、武四郎は長いあいだたよりをしませんでしたが、天保十四年（一八四三）二月、はじめて郷里へ手紙をおくりました。そして、夏になってようやくとどいた兄からの返事で、母もすでに死んでしまっていることを知り、ふかい悲しみをどうすることもできず、いそいで長崎から伊勢に帰りました。

このようにして、武四郎は十六歳から二十六歳まで、諸国の名勝や史跡をおとずれ、神社、仏寺をたずね、名のある高い山にのぼり、また、だれもあまりいかない島や海浜をあるいてまわって、たくさんのえらい人々にあって勉強をしてきました。

いまのように乗りものなどなかったので、十年間の旅といっても、たいていかれは一日に六十キロから七十キロもあるいて、野宿することがたびたびでした。

3　えぞ地探検をこころざす

武四郎が、長崎をはなれ、郷里に帰ることとなりましたのは、両親の死を悲しんだあまりだけではありません。長崎をさることを決心させたもうひとつのわけがありました。

それは、長崎の酒屋町で代々名主《なぬし》をしていた人から、

「このまま、えぞをうちすてておいては、いまに赤《あか》えぞ（当時ロシア人をそういった）によってすっかりうばいとられて、末代に悔いをのこすようになることは、火をみるよりあきらかですわい。」

と、北方の防備のたいせつさをいろいろ話されたからです。この話をした人は、津川文作といって、たいへんなものしりの老人で、いまでいえば文化人のひとりでした。

「よし。これはこうしているときではない。えぞという、その北方の未開の地へゆこう。」

と、文作の意見を聞いたとたんに、武四郎は一大決心をしました。そして、自分の、これからさきやろうとする、えぞ地探検の使命の重要さを心の中ではっきりとつかみました。

「帰ったら、第一回は伊勢から、第二回はえぞから、第三回はもしできれば千島か、北えぞ（カラフト）から、きっとおたよりをします。」

と、武四郎は津川老へやくそくして、郷里に帰ったのでした。そのころは、千島もカラフトも日本の領土でした。

かれが郷里にいたのは、わずか四か月で、天保十五年（一八四四）二月、母の三年忌にあわせて父の七年忌の法要をすませると、お墓におまいりして別れをつげ、いよいよえぞにむかって家をでていくのでした。このとき、武四郎は二十七歳でした。お坊さんなので、文字どおり「丸坊主」でしたが、「神さまの前に出るのにはこれではまずい」

と、その頭につけまげをして、

「えぞが島のすみずみまで、のこるところなくさぐり、いつの日か日本のために役だたせます。」

と、まず伊勢神宮におまいりし、かたくちかいました。

武四郎は、まず京都にむかい、北陸道をあるいて、ひきかえし、越後路をとおって、妙見山、磐梯山、蔵王山、湯殿山、羽黒山、月山、鳥海山、森吉山など、東北地方の山々へのぼり、十年まえの放浪の旅とおなじようにして、その年の九月、鰺《あじ》が沢（青森県）につきました。ずいぶんまわり道をして、長い日数をついやしながら、とうとうえぞ地を目の前にするところまできたのでした。

そのころ、えぞ地へわたろうとするには、津軽の北海岸の三廐《みんまや》か、西海岸の鰺が沢から松前へわたるのと、下北半島の大畑、佐井、大間《おおま》から箱館（函館）へわたるのとがありました。たいていの旅人は三廐からわたったようです。

さて、武四郎は鰺が沢にきて、

「おお！　あれがえぞ地だ。」

と、胸のおどる思いをしましたが、そのときは、えぞの地をついにふめませんでした。

といいますのは、冬をまぢかにひかえて海があれていたこと、それから江戸にいた有名な蘭学者、高野長英が脱獄したときだったので、その指名手配がきびしく北方の地にもおよんでいて、松前へわたることがなかなかできそうになかったからです。

そんなわけで武四郎は、いたしかたなく、江戸にいったん帰りますが、すぐまたあくる年の春三月二日には、江戸をたって、一路奥州街道を北へ北へとひきかえしていました。

鰺が沢から松前へわたるときには、土地の数人のほねおりで、江差《えさし》の商人で斎藤佐八郎という人の船にのせてもらいました。

津軽海峡は、しおのながれがはやく、ごうごうと西からうねりを立てて大波が、いまにも船をのみこむようにかぶさってきます。すると、海草でつくったみのを頭からかぶった舟子《かこ》たちが、

「そろうた……、そろうた……。」

と、まるでわめくようにさけびあって、船をこす波にさらわれないようにしています。

そのたびに、武四郎は、

「船玉《ふなだま》明神、たのむぞ、たのむぞ。」

と、こえを高くはりあげて、身の安全をいのるのでした。

このように、大きな波にもまれ、船が何回となく、くつがえりそうになりながら、はじめてえぞ地の土をふんだのは四月もはじめのことでした。

このころ、えぞ地の松前藩は、十七代崇広《たかひろ》の治めるところで、もっともよくさかえておりました。なぜかといいますと、えぞ地でとれた海や陸からの産物がたくさんあり、それらを内地と交易してたいへんもうかっていたからでした。

武四郎は、はじめてのえぞ地での足だまりを、江差の斎藤佐八郎の家にしました。この佐八郎の子の作左衛門は親に似ない文人で、そのために松前、江差に多くの文人なかまとまじわりをもっていたところから、武四郎のせわをやくようになったのです。

さて、えぞ地をおとずれた武四郎の目的は、はじめからきまっていました。

「寛政（一七八九〜一八〇一）いらい、幕府はえぞ地へ役人をつかわしたけれども、みな海岸だけをめぐって、内部までをさぐった者はいない。自分は山脈や川すじをきわめ、人情や物産をさぐって、後日、国のために役だてよう。」

しかし、なんといっても、まだ高野長英一味のはいりこんでくるのをけいかいしていたらしく、旅人のとりしまりがえぞ地においてもきびしかったので、江戸から旅してきた武四郎は、奥地へはいることができません。

そこでいろいろと考えたあげく、自分の籍を江差の人別帳にいれて、いまでいう住民登録と身分証明書をとり、あらためて奥地への旅をすることにしました。

いつの世のなかにも、ほんとうにしんせつな人がいるもので、武四郎は、いくところ、あちらこちらでよく人のせわになりました。箱館の商人で、白鳥《しらとり》新十郎という人もそんなひとりで、方々の知りあいに、武四郎に馬一頭を貸すように、とりはからってくれたりしました。そのおかげで、東えぞ地の探検も、小さな磁石一つをもって、馬にまたがり、たいへん気持ちよくすすみました。

いま第一回の探検をおこなった武四郎の足あとをみますと、海岸づたいに礼文華《れぶんげ》、有《う》珠《す》、室蘭、勇払《ゆうふつ》、沙流《さる》、日高の海岸をとおり、襟裳岬をまわって十勝へ。さらに、海岸を釧路からアツケシをへて根室に。ここからさらに知床《しれとこ》まで探検し、そこに、

「勢州一志郡雲出《くもづ》　松浦武四郎」

と書いた柱をたて、十月はじめに箱館へ帰ってきております。

十一月には、あれる海峡をわたって、また江戸まで帰ってゆくのですが、そのとちゅうで水戸（茨城）に立ちよって、そこで当時水戸学の大家藤田幽谷とならんで、名まえのきこえた『新論』という本を書いた会沢正志斎《あいざわせいしさい》をたずねてゆきました。このとき、正志斎は詩を武四郎へおくったといいます。こうして、武四郎には水戸藩とのあいだにしんみつなつながりができていくのでした。

水戸藩でも、えぞ地のことには、はやくから注目していました。しかし、えぞ地の調査は幕府の仕事になっていましたから、水戸藩では、そのようすを見守っているだけでした。そこへえぞ地を旅行した武四郎が、正志斎をたずねて水戸にやってきたのですから、水戸藩のものは、

「これはよい人がきてくれた。」

と、さっそく武四郎をまねいて、いろいろ話をききました。そして、武四郎がこれからのちにえぞ地を調査するときには、水戸藩も協力しようと約束してくれたのです。

江戸に帰った武四郎は、すぐに『初航蝦夷日誌』十二巻をいっしょうけんめいに書きはじめました。

4　二回めのえぞ探検と百印百詩

武四郎は、はじめてのえぞ地探検で見たり聞いたりしたことを、文章にするかたわらで、アイヌ語の勉強もしました。それが、つぎに北えぞをめざしての二回めの探検で役にたったのでした。

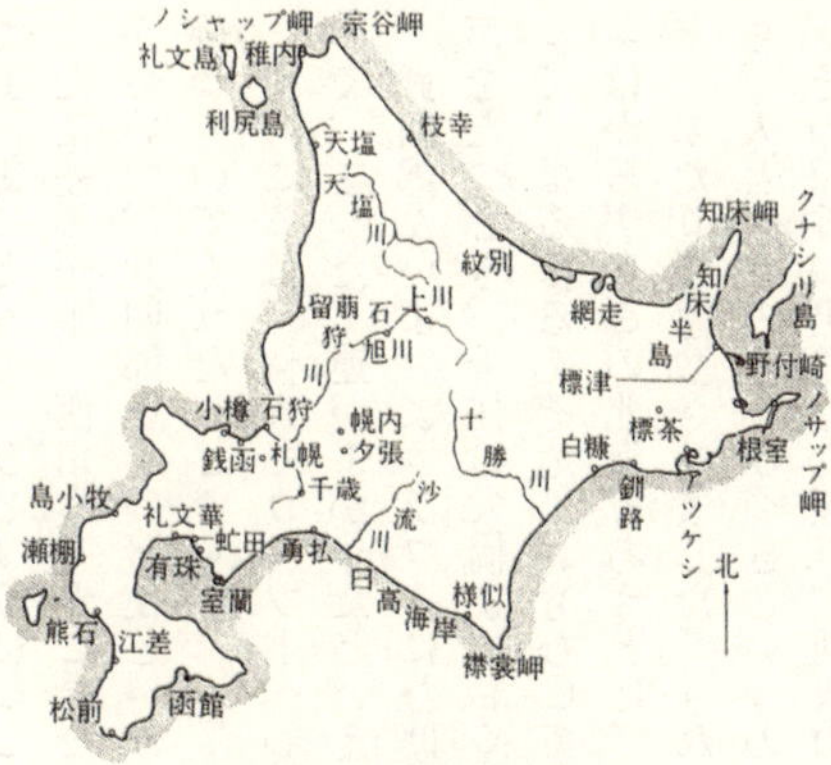

本文中の北海道のおもな地名

江戸で二十九歳の春をむかえた武四郎は、正月も元日だけで、二日にはふたたびえぞに旅だちました。そのとき、おたがいに親しい友だちであった、石井《いしい》潭香《たんこう》、峯田《みねだ》楓江《ふうこう》のふたりが、千住《せんじゅ》大橋まで見おくってきました。楓江という人は、その当時、江戸ではもっともえぞ地のことをよく知っているので有名な人でした。

北へむかうとちゅう、また水戸の会沢正志斎をおとずれ、それから相馬《そうま》、亘理《わたり》、仙台とあるいて、鯵が沢につき、松前にわたって、江差の斎藤家におちつきました。

ところが、カラフト探検をこころざしてい

た武四郎にとって、ひじょうにつごうのよいことは、まえの年、武四郎が江戸で知りあった江差の医師、西川春庵《にしかわしゅんあん》がこのたびカラフト勤務となったので、斎藤作左衛門らのはからいで、武四郎をその召使ということにして、なにからなにまで手はずをととのえて待っていてくれたことです。

そのころは、個人でカラフトへわたることはほとんどできないようなありさまでしたので、まったく運がよかったといえましょう。

武四郎がいよいよカラフトにむけてたとうとするとき、ふしぎなことには、かれが江戸をたつとき、千住の大橋までおくってくれた石井潭香が、こんど石狩《いしかり》勤務の役人となって、はるばるえぞ地におもむいてきたのです。

「はからずもこの北海であうとは、生涯の奇遇だ。」

と、ふたりを感激させました。うれしさのあまり一晩じゅう話しあったというのですから、人と人とのむすびつきというのも、たいへんおもしろいと思います。

その潭香が出発した翌日、数人の人をつれだってカラフト勤務の物頭《ものがしら》(長)斎藤復一がきたので、武四郎もいっしょになって、旅だちすることになります。かれは、召使ですので、その名も雲平《うんぺい》といい、ハッピをつけた、ぞうりとりのすがたになりました。この武四郎がはじめ、まるっきりわからなかったアイヌ語を、苦心して勉強してきていたのです。

弘化三年(一八四六)四月十日すぎ、まえの年にいくことができなかった西えぞ地の、

アイヌのあやつる舟で石狩川をゆく

熊石《くまいし》・太櫨《ふとろ》・瀬棚《せたな》と、道という道もないようなところを、ひじょうに苦心してあるきながら、五月なかごろ、やっと宗谷にたどりつきました。

　五月もおわりごろ、宗谷からカラフトのシラヌシへむかって船出しました。シラヌシは宗谷から七十二キロの海をこえたところにあります。一行がシラヌシにわたり、マヌイから西海岸にでて、クシュンナイまでいってひきかえし、宗谷に帰ってきたのは、その年の七月十九日でした。それからあとは、武四郎だけがひとりのアイヌをつれて、オホーツク海沿岸の枝幸《えさし》、紋別《もんべつ》をへて北海道東端の知床《しれとこ》へゆきました。まえの年九月、はじめてこの土をふんだ地点にいってみると、自分の名まえを書いて立てた柱はそのままにありました。

　ここで武四郎は、さらにその柱のうらに今回ついた年月日と生まれた国と姓名とを書きいれました。そして、朝日がのぼる海上に、はるかクナシリ、エトロフ、シャコタン、チャチャノボリなどの島かげをのぞみながら、江戸をたつとき、藤田東湖（幽谷の子）からおくられた送別の歌、

玉鉾《たまほこ》のみちのく越えて見まほしき　蝦夷が千島の雪のあけぼの

を、声たからかによんで、その目的をとげたことをしらせたといわれています。

そうして、武四郎は八月十三日、また宗谷にいったん帰り、陸路をとおって石狩にでて、石狩川を舟で千歳《ちとせ》にゆきました。さらにそこから東海岸の勇払《ゆうふつ》にでて、九月のはじめに江差に帰り、ここで年をこすこととなりますが、このあいだ、ますますアイヌ語の勉強にちからをいれました。

ところで、その月ずえ、頼山陽の子として、また国のありかたをうれえて、勤王の志士としてもきこえていた頼三樹三郎らが、幕府の目をのがれて江差へやってきました。二十二歳でまだ若かった三樹三郎は、こがらで、からだつきのひきしまったところは武四郎にそっくりでした。とくに、北方のえぞ地に目的があって来たふうではありませんが、江差にくるとき、海がひじょうにあれ、ずいぶん船の中で苦しんだそうです。その三樹三郎は、友だちとてひとりもいない、またお金もすくない身のうえであったので、すっかり元気がありませんでした。斎藤家に武四郎という人物がいることを人にきいてきた三樹三郎が、武四郎にあっていろいろと話しているうち、ふたりはたちまちこころがかよいあうあいだがらとなり、夜は、おたがいに一まいのふとんをひっぱりあってねるようななかになりました。

このふたりの出あいがあって、一日に百印百詩という、そのころでもひじょうにめずらしい書画会がくりひろげられました。江差の人たちのやんやの声援をうけて、三樹三郎と武四郎のふたりが、おおいにうでをきそいました。

この書画会は、まだ若い三樹三郎を助けてやろうじゃないかというので、西川春庵、斎藤作左衛門らのあっせんにより、もよおされたもので、会場は山ノ上町の雲石楼《うんせきろう》でした。そこは千石《せんごく》場所といわれたニシンの漁場で、もっともにぎやかなところでしたので、集まってきたのは、たまたまここに来ていた文人、墨客《ぼっかく》（書や絵をかく人）らが多く、そのなかには頼山陽の門人の、梁川星巌《やながわせいがん》の弟子などもいました。

この書画会がどのようにすすめられたかといいますと、まずはじめに、集まった人々のなかから「清晨《せいしん》（すがすがしい朝）」という題がだされます。すると、三樹三郎がすぐさまこれを詩によみ、

山《やま》青《あおく》残月《ざんげつ》薄《うすく》　　朝がきて、山は青く見え、三日月のかげもうすい。
燈《ともしび》白《しろく》古邨《こそん》寒《さむし》　　ともしびも光を失い、古びた村はさむざむとしている。
橋霜《きょうそう》人《ひと》未《いまだ》過《すぎず》　　霜のおりた橋は、まだ人もわたらないためか足あともなく、
満耳《まんじ》水《みず》珊々《さんさん》　　さんさんと水の流れる音だけが聞こえる。

と書きます。まけてならないとばかりに、武四郎もまたうでをふるって、題名の「清

晨」をてん刻するのです。

これを朝はやくから晩にかけて、くりかえしくりかえし、あたらしい題をうけては、みんなのいるまえで、ひとりは詩をつくって書き、ひとりは題名をてん刻にと、しんけんにとりくんでいくのでした。そして、ついに一日がかりで、百印百詩をものにしたときは、さすがにつかれはてましたが、ほっとしたふたりは、あまりのうれしさに、だきあってしまいました。

このふたりの競争は、はじめのうちは三樹三郎のほうができがよかったのですが、あとからだんだんと武四郎のうでがさえて、おいこしたということです。ご祝儀もたくさん集まったそうです。

よく年、三十歳になった武四郎は、病気の三樹三郎とわかれ、多くの知りあいにおくられて江差の港をたち、松前から三月に箱館にまわり、五月までいて、松前藩のことがらをくわしくしらべました。それは、のちに江戸に帰ってからつづった『秘め置くべし』という本になりましたが、そのなかで武四郎は、松前藩のよくないことをのこらず書いています。

武四郎は、ほんとうによく旅をしました。旅をするときは、きまって小さいノートをもっており、それに見たり、きいたりしたことがらを、こまごまとメモしてゆきました。メモしたものは、すぐその日のうちに、くわしくまとめておきました。このように、その日、その日のまとめをすまさないと、けっして眠らないでいたといいます。かれは小さいころから、ていねいに日記をつけることにしていましたので、それもあたりまえのように、つづけていました。

だれにも、たやすくまねのできないほど、たくさんの記録、文書、それに日記や手紙がのこされているのも、武四郎のひごろからの努力のたまものでしょう。

江戸に帰ってきた武四郎は、旅にいるときとおなじように、たくさんの人々にあうので、たいへんいそがしい日々をおくりました。しかし、ちょっとのひまをみいだしては、えぞ地の探検記録の整理をしました。

5　クナシリからエトロフへ

江戸にほぼ一年いて、えぞ地の記録を整理していた武四郎は、水戸藩とのむすびつきをますますふかくしました。かれが、三回めのえぞ地ゆきにあたって、水戸藩の援助をうけることができたのも、この一年間にとりまとめたことがらが、こころある人々にみとめられたからなのです。

のちに、武四郎が北方の開拓をすすめて、外国、とくにロシアからの侵入をふせぐ必要があると、えんりょなく意見をいい、えぞ地の松前藩のうちわをばくろして、堂々と非難できたのも、バックに大きなちからのある水戸藩がひかえていたからです。

嘉永二年（一八四九）の新春をむかえて、三十二歳の武四郎は、クナシリ・エトロフの二つの島を探検するため、三回めのえぞ地への旅を思いたちました。

三回めとなりますと、かれの出発にあたって、さすがに世間の人々も注目しました。いつも親しい先輩や友だちが大ぜい集まってきて、さかんな送別の会をひらきました。いつものように、別れにあたって、詩やうたをおくる人々が多く、旅の安全とその成果をいのってくれました。

二月十日、武四郎は江戸をたって、水戸にたちより、いつもの奥州街道をとおり三厩にゆき、ここから船にのって、四月七日に松前につきました。ほぼ六十日ちかくかかっています。

松前で、クナシリ島の支配代理人をしている柏屋《かしわや》喜兵衛の長者丸という船にのって、クナシリ島のトマリにわたりました。

島の支配代理人のことを「請負人《うけおいにん》」といいますが、それはたいへんに、あくどいやりかたで、お金をもうけていましたし、島の人をつかっていました。そしてこのことは、ものごとをこまかく注意してみる武四郎に、いちはやく見やぶられてしまいました。

トマリについた武四郎は、さらに船にのって西海岸をとおり、アトイヤからエトロフ島にわたり、ベルタルべというところにゆき、またナイホからフレベツにもいきました。

箱館にひきあげてきたのは六月十五日でした。このクナシリ、エトロフ行きも、幕府からのさしずによるのではなく、自分のひとりの考えにしたがって旅をしたものでありました。そのばあい、なにかと親身にほねをおって、いろいろとたすけてくれたのは水戸藩でした。

そのおかげで、秋になって江戸に帰ってからは、探検してきたことがらのとりまとめを、思うぞんぶんにすることができました。

このころ、武四郎は自分のことを「北海道人」などといっておりましたが、三回もえぞ地を探検してきたほどの人でしたから、世間の人々からも、いちばんえぞ地のことをよく知っているると、うわさされていました。だから、かれの「北海道人」といういい方も、かれひとりの思いあがりではないのです。

三十四歳から三十七歳までは江戸で探検記録のとりまとめをして、探検のいちぶしじゅうを書いた『三航蝦夷日誌』を三十五さつもつづり、それを水戸の殿さま徳川斉昭《とくがわなりあき》にさしあげました。

ちょうどそのとき、アメリカから使節のペリーが浦賀の沖にきており、世のなかはたいへんさわがしかったのですが、武四郎は、下谷《したや》竹《たけ》町（東京都台東区）の長屋のひとへやを借り、六畳間に机ひとつと、手にさげる行李《こうり》と、土なべひとつきりで、文筆生活をしてくらしていました。朝夕ここに出入りしていたのは、吉田松陰をはじめ、勤王憂国のこころざしをもった武士たちでした。水戸藩の勤王の志士たちとも、このころはますます親しく交際していました。勤王思想のあつかった水戸にも、その考えかたと行動のうえで、保守と革新というように、大きく二つの派にわかれていましたが、武四郎がとくに多くつきあったのは、その過激派といわれている革新のほうでした。それは武四郎の性格や行動からみて、うなずくことができます。

世のなかは大きな変わりかたをしつつありました。長崎にやってきたロシアの使い、プチャーチンのもっていた国書のなかに、えぞ地にさかいをして、日本とロシアとでわけあおうという要求さえありました。

そんなロシアからのさかんなもとめがあるたびに、世のなかの情勢は、外からの攻めにそなえる、海防論をひじょうにおもくみるようになりました。

そこでしぜんと、えぞ地のことをよく知っている武四郎がうかびあがってきました。いっぽう世の人々のなかには、武四郎の名声をねたんで、その出世に反対するものがありました。しかし、安政二年（一八五五）の暮れ、三十八歳になった武四郎は、箱館奉行所の御雇《おやとい》をいいつけられたことから、あくる年の春、二月六日に江戸をたつこととして、第四回めのえぞ地探検をはじめるのです。

こんどは、いままでとちがって、幕府の役人として、晴れて出向く資格ができたものですから、なにかにつけて、かれを目のかたきとしていた松前藩からもさまたげられるようなことはありません。それに、出発にあたり、水戸の殿さまから、せんべつとして金五両をいただいたことは、武四郎をたいそう感激させました。

6　四回めの探検とアイヌへの同情

三回めの探検でえぞ地にわたってから、まる六年のとしつきがながれていました。

安政三年（一八五六）二月六日、大ぜいの人々に見おくられて武四郎は江戸をたち、三月五日に箱館に上陸しました。そこでは能登屋という宿にまずおちつき、さっそくそのあくる日、箱館奉行の竹内下野守《しもつけのかみ》にあいました。幕府のねらいは、松前藩にかわって、じきじきにえぞ地をおさめようということだったので、武四郎らをわざわざ出向かせたのでした。

やがて、武四郎は、こんどえぞ地にくることとなって、そのせわをしてくれた、深いなかの向山《さきやま》源太夫らと、西海岸地方からカラフトまでゆくこととなりました。

四月一日、箱館をたち、船にのっていく源太夫とはべつに、武四郎は陸路で西海岸をいろいろとしらべながら、北に向かってゆきました。

案内には伊藤紀《き》三十郎《さじゅうろう》という人をたたせていましたが、ほかにもアイヌのホンアキというものをつれて、道らしい道のないところを、自分からずんずんすすんであるきました。

ホグシ、ホロホグシの、きりたった岩をこえた太田山というところで、小さなお堂を

武四郎の歩いたカラフト南部

建てている宗倹《そうけん》というお坊さんに出あいました。このお坊さんは、ここにあたらしく道をひらくようにといのり、自分でもひらこうとしているのです。そのころ、だれにも知られなくて、こんな願いをかけてがんばっていたのは、たいへんめずらしかったそうです。

このあたらしい道といいますのは、五十キロにもおよぶもので、西海岸ぞいでも、とくに岩やがけが多くて、身のきけんなところでした。それなのに、これまで国のちからで道をつくることなど考えられていなかったのです。

このような状況にあることを、身をもって感じた武四郎は、大がかりな開発の必要なことをそのあとの見聞記『太櫓領《フトロ》』にくわしく書いています。

新道路見たてのための海岸視察もおわり、箱館からおよそ二百キロあまりあるシマコマキにつきました。ここは人の住む家十軒、人口三十九人の部落です。このシマコマキで、武四郎は、脇乙名《わきおとな》（副長老）のリクニンリキというアイヌから、つぎのようなかなしいうったえをきかされました。

「このぶんでいきますと、あと十年もたつとアイヌの種はたえましょう。もしこれらのことをだれがニシバ（あなた）にしらせたか、とあとになってきかれましたら、わたくしの名まえをどうぞいってください。和人《わじん》の請負人に、あまりにもむごく召し使われること、女子の不足しすぎますこと、この二つの苦しみをとくという願いさえききとどけていただきますと、わたくしの身はどのように重い罪をいいわたされても満足でございます。わたくしひとりの生命も、この地のみんなのためにはかえられません。」

武四郎はリクニンリキの、この死をかくごしたうったえに、つよく胸をうたれました。

その願いがききとどけられて、シマコマキのアイヌがみな、犬やネコとおなじようにこき使われる重労働からとかれ、死からのがれたのは、ずっとのちのことになります。

ところで、宗谷からカラフトにわたった武四郎は、五月二十五日シラヌシをたち、東海岸を、まえにきたときよりもさらに奥ふかく北にむかってはいり、シツカ・タライカのあたりまで見まわりました。しかし、シンノシレトコ岬をこえて、それから北にゆくことができないので、西海岸にでて、源太夫と出あいました。

とちゅう病気にかかった源太夫は、それから苦しい息をこらえながら、ようやく宗谷までたどりつきましたが、ちからがつきて、はかないことにとうとうこの地で死んでしまいました。

あくる日、オトシマナイで火葬にし、その骨をひろいあげて、武四郎はいまはもうかえってこない親しい友の墓標として、トドマツを七本うえて、かれのめいふくをいのりました。

いっしょにいた人々と茶飯《ちゃめし》をたき、初《しょ》七日の法事をとりすました武四郎は、宗谷をたち、オホーツク海岸をとおって網走《あばしり》につきました。ここからさらに山みちをとおり、ケネワツカから標津《しべつ》にでました。そこからは野付《のつけ》へ出て、さらに船で根室《ねむろ》にわたり、ベカンベウシをすぎて、アツケシにつき、船で仙鳳趾《せんぼうあと》に上陸、東えぞ地をまわって、十月十三日に箱館に帰ってきました。

これが武四郎にとって四回めの探検で、六か月半にわたる旅となりました。

この旅で、かれは、五月六日、琴似《ことに》というところにつきましたが、あたりのようすについて、

「このへんは一面の平地。このあたりに都をたてたらよいとおもう。石狩を大坂（大阪）とし、対雁《ついしかり》を伏見とみなし、川すじを十二キロメートルほどくだったここに都をさだめ、銭函《ぜにばこ》・小樽《おたる》をして、尼崎《あまがさき》・西宮《にしのみや》とし、手宮《てみや》に沖口《おきのくち》をたてれば、やがては兵庫・神戸にも負けないようになるだろう。ここから虻田《あぶた》・有珠《うす》に道をひらくことができれば、そのべんりはいかばかりであろうか。」

と、『後方羊蹄日誌《しりべしにっし》』に書いております。

この武四郎のすぐれた思いつきと見とおしは、明治政府にひきつがれ、のちに武四郎といっしょに開拓判官《はんがん》となった島義勇《しまよしたけ》によって、今日の札幌市の基礎がきずかれたのです。

えぞ地の旅がかさねられるごとに、武四郎のアイヌ語のほうも、じょうずにつかいこなせて話ができるようになりました。アイヌの生活や風俗についての観察も、たいへんこまかく、つっこんだものになりました。

そのために、いたるところで、シマコマキのうったえのような、あくどい商人、請負人たちと、それとぐるになっている松前藩の役人の、アイヌへのむごいしうちを、じか

にきくことができました。アイヌのかなしみに胸をうたれた武四郎は、かれらに同情して、こころない日本人のやりかたにたいして、つよい不満といかりをおぼえるのでした。

7　西えぞ地の検分

安政四年（一八五七）、四十歳になった武四郎は、前年の暮れ、いまにも死にそうな大病でたおれました。もう、とうてい助からないと思っていたのでしょうか、つぎのような短歌を短冊に書いて、自分のねているふとんの下にしいておりました。

我死なば焼くな埋めな新小田《にいおだ》に　捨ててぞ秋の熟《みの》りをば見よ

自分がまごころこめてしらべてあるいたところで、その土となることができれば、それにこしたよろこびはないという気持ちがこめられているのです。

それほどでしたから、えぞ地の箱館でやまいの床にある武四郎を、こころから心配して見舞いにくる人々は、たえませんでした。

ある日、医者がやってきて、ひととおりみてから、

「だいじょうぶ、もはや死にはしない。」

といいました。たしかに武四郎も、日に日によくなる自分の身を知っていました。手ぬかりのない看病をうけたからよくなるのが早かったといえますし、それに病人の気力が

つよく、また運もたしかにつよかったともいえます。

病気のほうが、だんだんによくなると、新春をむかえて武四郎は床からおきては仕事をするようになりました。

お正月あけに、オロッコ、タライカからもって帰った土砂《どしゃ》で、カラフトの模型図をつくったり、二月には、『北蝦夷日記』九さつを本にして幕府へおさめたりしています。すでに大病もすっかりなおってしまいました。

そこで、幕府から石狩行きの辞令がいいわたされて、佐賀藩のさむらい、犬塚をつれだって、西えぞ地へむけてたったのは、その年の四月も末のことでした。

辞令が出てから四日のち、落部《おとしべ》というところを出発してあるいていると、武四郎は五十人ばかりのアイヌとあいました。みると荷ごしらえをしているので、いったいなにごとかとたずねてみました。すると、かれらのひとりが、

「わたくしども、アツケシに出かせぎを申しわたされ、それはかんべんしていただきたいといくども哀願をいたしますけれども、安間純之進《やすまじゅんのしん》殿の申しつけとかでゆるされません。」

と、なきなきいうのでした。それはひじょうにかわいそうでした。請負人たちは、権威をふりまわして、アイヌを奴隷のようにあつかっていたのです。

「自分は、このことをほうってはおけない。なんともむごたらしい。」

と、武四郎はふんがいし、こころのなかであの請負人たちをせめたくなるのでした。

つれていた犬塚を箱館にかえしてその事情を奉行所へ知らせることにし、そのあとは、土地のアイヌ数人といつもいっしょに旅をしました。そしてとまるのは、毎日のあるくはんいが広いので、一か所にきまってはおりません。

「五月十四日、トックまでくだり、とまる。十五日、トミハセ、シリアイノ四人をつれ、ソラチフト（空知太）よりのぼる。八里（約三十二キロ）ほどでオホシュクに宿す。十六日、カムイコタンどまり。滝の上を見る。アメノウオ、マス、チライなどの滝のぼりを見る。十七日、くだりてハンケナイまでくると、シリアイノ弓矢をもち、ひまをくれとたのむ。これからすぐに上川へこえるといって出かけたが、アイヌの山中を自由にあるくことに自分は感心する。トックどまり。……」

といったように、かれはアイヌのなかにとけこんで生活していました。たいていとまるのはアイヌの家が多く、とくにせわをやいてくれたアイヌには、そのお礼のしるしに、タバコ、酒、木綿などをやりました。

日《ひ》数《かず》経《へ》て突区《トック》の里に来て見れば　ここもかはらぬ芦ふきの宿

と、こんな歌をよんで、親しいアイヌの家にとまりながら、夜中にしきりとなくシカに目をさまされては、旅にあることをしみじみと感じるのでした。

ところで、武四郎の探検のねらいは、えぞ地の山や川をしらべ、その土地に合ったあたらしい道のひらき場所をきめたり、またときには、その土地の産業を開発するのに役だつような意見をのべて、のちのちのためにしようとすることにありました。

七月にはいってからも、山道を奥ふかくわけいり、しらべておりますが、いろいろとおもしろいことにであっています。

酒をつくっては近くのアイヌを集めて、みんなで食べたり飲んだりして、おおいににぎやかにさわいでみたり、山にはいってクマをとって、皮をはぎ、山々にたむけて、皮と胆《きも》とをもってくだったり、またはゆくところゆくところ、とまる家でカにさされてまいってしまうなど、ちょっとした災難にもあいました。

七月上旬の西えぞ地の旅のようすを、日記からのぞいてみましょう。

「五日、土人（アイヌ）どもに種痘《しゅとう》。この日、この春から召しつれた土人どもに、タバコ、酒、米、古着などをほうびとしてあたえる。七日、案内人をつれ、食料をつんで出船。ツイシカリの乙名《おとな》（かしら）ルヒヤシの家にとまる。このへんには、アワ、ヒエ、カブを作っている。さらにインゲンマメ、ジャガイモ、ダイコンなどの種を来年あたえることをやくそくする。八日、イワリフト番屋につく。番人、さきふれがまだついていないという理由でとまることをこばむ。そのまま舟をすすめてサットウに出、西岩に漁師の小屋のくずれたのをみつけ、それにはいってとまる。飯をたいているうち、月がかたむき、シカがたくさん出てくる。九日、ホロナイ（幌内）にいたる。ここに船をとどめ、米五升《しょう》（約七キロ）をていねいにむしろにつつんで、カシの大木につりさげ、それから山にはいる。五里（約二十キロ）ばかりでユウハリ（夕張）河岸ラヒイのヤエタルコロの家にいたる。なかばつぶれかかった、あわれなさまである。さらにのぼってユウハリのタツコフのコトンランの家にとまる。ここの主人は八十三歳のえぞ地の故老で、風俗故事などをよく知っている。」

武四郎は、若いころからあるくことは少しも苦にしなかったし、また、行動的で、自分の思っていることはどんどんいうほうでした。またその反面ではものをよく知っている老人にあうと、じつにすなおに、熱心な態度で、その人にいろいろとたずねてきくという、勉強家でもありました。

アイヌのことばが自由に話せるようになっていたので、武四郎のアイヌへの関心もいちだんとつよまりました。山越内《やまこしない》にはいったとき、「かぶ親父《おやじ》」というアイヌに出むかえられました。その名のいわれをききますと、

「松前藩のころは、アイヌがアワやヒエなどをつくることが、きびしく禁じられていたため、カブをつくって太櫓や瀬棚にもちだして、酒やタバコにかえていたので、名づけられた。」

というのです。

このアイヌは、六十七、八歳の、みるからにちからもつよそうな男で、年じゅう、山にはいって猟をしていました。むすめが五人あり、家にはクマを三頭とキツネやワシなどを飼っていました。畑をたがやしていて、家のそばにはいちめんにカブをつくってい

ました。カブのほかに、アワ、ヒエ、ダイコン、キュウリ、インゲンマメ、ダイズなどもつくっていました。

武四郎は、「かぶ親父」の案内で、川をくだって見てまわったりしました。八月のおわりには早くも、えぞ地のセヨヘツフトでは、平地でうすい雪がみられ、山々はふかい雪のために白くなっていました。

そしてまもなく、氷と雪におおわれた東えぞ地への旅にでかけたのは、安政五年（一八五八）、武四郎四十一歳の春二月のことでした。

8　晩年の生活

武四郎は、自分といっしょに旅して、協力してくれたアイヌ、またとめてくれたアイヌとその家族にたいして、いつも感謝の気持ちをわすれませんでした。そして、ほうびとして、よく酒、タバコ、衣類をわけてやりました。

アイヌは武四郎を、探検する人であるが、日本人としてはめずらしいほど、アイヌのことにくわしい、しんせつな人だというふうに理解していました。だから、自分たちのかなしみや、苦しみを話して、武四郎にだけは安心して、身のうえ相談ができたのでした。

人のなさけのありかたを、すなおにきいてあるいた武四郎は、それだけに、世のなかの不公平にたいして、堂々と自分の意見をいえる、正義感のつよい人でした。

ふりかえってみますと、武四郎は、二十八歳から四十一歳にかけての、いちばんの働きざかりに、前後六回におよんで、えぞ地の探検をこころみました。そして、人文地理、風俗地誌のうえからいって、たしかに探検家としての功績はたいへんに大きかったのです。

かれはそれまで独身で、えぞ地の探検にすべての情熱をそそいできました。そして六回めのえぞ地探検をさいごに江戸にひきあげてきたあくる年に、やっと結婚して、旅の生活に終止符をうちました。

あいては旗本福田氏のむすめで、とう女といいましたが、そのさいしょは、とう女のほうから武四郎のもとにとつぎたいといいだしたそうです。いっしょうけんめいに勉強していた武四郎にひかれたといいますが、武四郎は気がつかないままにすぎてきていました。

むすめの親たちは、この縁談にはつよく反対し、

「そのようなろくに家もない、浪人ものに、うちのむすめがやれるか。どうしてもゆくと申すなら勘当《かんどう》いたすから、すきなようにせい。」

といいわたしたそうです。

しかし、いちど決心した彼女は、自分の意志をとうとうつらぬいて、親子の縁をきりながら、なお武四郎と結婚したのです。

人生のおおかた半分以上を生きてきた、それも寒い風や雪の中の旅をひとりで生きぬ

いてきたような武四郎にとって、それこそはなやかないろどりをそえるロマンスといえます。こうして武四郎は四十二歳で結婚しました。

ところで、江戸にいる武四郎は、探検日誌と、地図のしあげに、いっしょうけんめいになりました。

前後六回のえぞ地探検でのこした日誌百十四さつを、『東西蝦夷山川《さんせん》地理取調《とりしらべ》紀行』として、十部二十二さつにまとめました。また、地図は、経度、緯度の各一度を一まいとして、二十八まいの『東西蝦夷山川地理取調図』として刊行しました。この地図には、山脈、川の流れ、地名、道路、運上屋《うんじょうや》（税金をとりたてる所）、会所（交易場所）、宿泊所、昼休み所、小休み所、村落、出稼《でかせぎ》所などがかき入れられていました。

伊能、間宮らの測量で、いちおう海岸線のようすのととのったえぞ図に対して、この松浦武四郎の地図では、はじめて内陸の地勢がわかるようになりました。しかも、この地図は、明治中ごろまでもちいられたほど、くわしくかかれたものでした。

磁石一つだけをもって方角を知り、あるきながら高い低いをかんじょうにいれて、歩行の数で距離をはかっていったといわれます。それなのに、でき上がった地図は山脈のながれといい、川の曲がりぐあいといい、今日の地図とほとんどかわらないことに、おどろかされます。武四郎は、どんな山奥でも、あるくことはだれにもまけないくらい、よくあるきまわりましたので、そのえぞ地図にしても机上のものでなく、からだぜんたいでつくったものといってよいでしょう。

ところで、武四郎が浪人生活をうちきって、えぞの探検記録をひととおり整理して、ふたたび役人生活にはいったのは、五十一歳のときです。世はまさに徳川幕府がたおれて、明治維新となったときでした。

明治元年（一八六八）四月、新政府にもちいられて、徴士《ちょうし》・箱館府判事に任命され、あくる年、政府が北海道開拓使をもうけて、えぞ地の開拓に手をつけたとき、武四郎は六月、えぞ開拓御用掛《ごようがかり》をおおせつけられ、さらに八月には開拓判官に任ぜられました。

このときに、武四郎は、自分のえぞ地の探検をつうじてえた知識と経験をいかして、北海道の道名、国名、郡名をきめる仕事にあたりました。

今まで、「えぞ地」とか「えぞが島」とよばれておりましたが、それにあたらしい名まえをつけようというのです。そこで、はじめにお話したように、明治二年（一八六九）七月十七日、武四郎は「道名の義につき意見書」というものをだしました。そして、日《ひ》高見《たかみ》道《どう》、北加伊道《ほっかいどう》、海北道、海島道、東北道、千島道の六つの道名が候補にえらびだされました。

まず武四郎は、えぞはもともと地名ではないことをいって、北加伊道については、

「夷人《いじん》（アイヌ）がみずからその国をよぶのに加伊《カイ》という。」

とのべ、さらに、

「加伊とよぶことについて。いまでも土人（アイヌ）たちはたがいにカイノーとよぶ。女童《おんなわらべ》のことをカイナー、男童《おのこわらべ》のことをセカチー、またなまってアイノーとも近ごろよ

んでいる。」

とのべています。

それで六つのなかでは、北加伊道がもっともよいといっていたのですが、のちにそれが採用されたのです。ただ、加伊が海となり、ここに今日いう北海道というよび名が、はじめてうまれたわけです。

このように北海道の名まえを歴史的にさかのぼってみますと、アイヌのために人間愛をいつもわすれなかった武四郎によってえらばれたのにふさわしく、アイヌの郷愁がただよってひびいてきこえます。

また、北えぞ地を「樺太《からふと》」とかくようになったのも、武四郎の意見によったものなのです。

こうして、北方探検家として、さいごにはりっぱな業績をのこして、明治三年（一八七〇）三月に公職をやめました。かれの功績をたたえて、明治政府は、いまの年金にあたる、終身十五人扶持《ぶち》（おとな十五人分の食べるお米を給料のようにしてもらうこと）をみとめました。

その後、武四郎は隠居の身となりましたが、東京神田の五軒町に住み、諸国を旅してきたことがらをまとめ、また、すきな詩歌や考古の趣味をたのしみながら、しずかな日々をすごしました。その余生をおくったところを、「草の舎《や》」と名づけ、とくにここに一畳じきという せまい書斎をつくりました。これは全国の親しい友だちからおくられた古材などをつかって建てられたもので、晩年はここにとじこもって仕事をしたのです。

ところが、武四郎は、晩年になっても、旅と山のぼりへのゆめを消すことができず、郷里の深山として知られる大台《おおだい》が原《はら》山に三回のぼり、そこをひらこうとしたり、また富士山にのぼるなどしています。

富士山へのぼったことが、自然にとけこむことのすきだった武四郎には、せめてものしあわせだったのでしょう。

富士山へのぼったあくる年、明治二十一年（一八八八）二月五日、まれにみる偉大な探検家、松浦武四郎は、とつぜん脳出血でたおれ、同月十日にこの世をさりました。ときに七十一歳でした。

えぞ地探検でみられますように、かれのアイヌへのあたたかい人間愛、公正無私で信念のつよい人がらは、探検のための探検家でなく、そのまえに、尊敬されるヒューマニストとしてよみがえってくるのです。そのことは、武四郎の一生が、宗教によってうらづけられており、まことに無欲そのものであったように、よく貧しい人々のしあわせを願っていたことによってもはかり知ることができます。

考えてみますと、北海道地方を探検した人たちは、みなそこを開拓して、そこに理想の国をひらきたいという夢をもっていました。しかもそうすることによって、外国からの敵を防ぐこともできると考えたのです。ただ軍備をととのえて、敵を防ぐ、というような考え方だけしていたのではありませんでした。

しかし北海道の開発は、最上徳内や近藤重蔵、松浦武四郎らが考えたようには、なかなかうまくはすすまなかったのです。とはいえ、はじめに、この人たちのかかげた理想は消えることがなく、ついに今日のような北海道が生まれ出たわけです。

菅江真澄

みちのくの風土を愛し、底に流れる人のこころの美しさに魅せられながら、一生を旅にすごし、江戸後期の民衆の生活をこまかに記録した。

1　じょうかぶりの真澄

天明五年（一七八五）、最上徳内がさんざん苦労しながら、北海道の東部をあるいていたとき、やはり北海道を見たいと思って、津軽《つがる》（青森）までやってきたひとりの旅人がありました。それは菅江真澄《すがえますみ》という人でした。真澄はそこにある善知鳥《うとう》神社へまいって、北海道へわたってよいかどうかと、うらないをしました。すると、「三年間まて。」という神のおしえがあったので、その間、岩手県や宮城県をあるいて、天明八年に松前にわたりました。

真澄はまったくただの旅人でした。そしてその旅も探検というようなものではなく、また日本のために北海道をひらかねばならないというような気持ちもありませんでした。ただふべんな土地に住む人々の生活をつぶさに見たいと思って、ひとり旅をつづけていたのです。

だから北海道の旅も西南のはしの方にすぎませんでしたが、ほかの旅行家に見られないような、こまごまと観察した紀行文をのこしています。

その菅江真澄とはいったいどういう人だったでしょうか。

ここに一まいの肖像画があります。七十歳をいくつかすぎたと思われる男の人のものですが、つくえを背にして、きちんとすわっているその全身像は、やさしい、ものしずかな人がらを感じさせます。ただ、頭を黒い頭巾《ずきん》でつつんでいるのが目をひきます。これが菅江真澄です。

真澄は、夏でも冬でも、この頭巾をかぶっていたようです。秋田では、そのようにいつも頭にかぶりものをしている人を「じょうかぶり」といいますが、そのためかれは、「じょうかぶりの真澄」とよばれていました。秋田の藩の学校である明徳館に、那珂通《なかみち》博《ひろ》という漢学の先生がいました。その先生が、真澄に会いたいといったときにも、真澄は、

「頭巾をかぶったままでよければお会いしましょう。」

といって、会見をしたそうです。また殿さまの佐竹義和《さたけよしまさ》公におめにかかることがゆるされたときにも、頭巾はとうとうぬがずじまいでした。そればかりか、かえって殿さまは、

「それほど頭巾がすきなら、黒つむぎの頭巾をやろう。」

といわれて、真澄に上等な黒つむぎの頭巾をあたえたほどでした。

「じょうかぶりの真澄」の名は、それでまたよほどひろまりました。いまでも秋田では、

そのことを語りつたえています。

それでは、どうして真澄は、頭巾にこだわったのでしょうか。おそらく、ひとに知られたくないきずなどはなかったのでしょう。ただ、ふるさとを遠くはなれて、知っている人もみよりもない他国で生きていくためには、人の関心をひきつけておく必要があります。そのため真澄は生活のてだてのひとつとして、頭巾をいつもかぶっていたのでしょう。そして、いったん「じょうかぶりの真澄」とよばれだすと、もう、ぬぐにぬげずということになったからと思います。

真澄は生涯のなかばを秋田藩（秋田県）ですごしましたが、かれの生まれ故郷は、寒い北国ではなくて、あたたかい三河国《みかわのくに》（愛知県）でした。いまの豊橋市の牟呂《むろ》というところで、宝暦四年（一七五四）に生まれました。しかしその出身地を、真澄は自分では、あまり人にも話さず、日記にもくわしく書きませんでした。それについてはいろいろと

菅江真澄

わけがあったようです。

じつは菅江真澄という名も、のちにつけたもので、もとは白井《しらい》秀雄《ひでお》、おさないときの名を英二といいました。

真澄の生まれた白井家は、菅原道真につかえた白太夫《はくだゆう》の子孫で、何代もまえから神職に関係があったようです。真澄の父も東三河のある神社の神主をしていました。そのためか真澄は小さいときから、諸国の古い神社におまいりしたり、名所旧跡をたずねることがすきでした。こうしたこのみは、真澄の一生をつらぬいてかわりませんでした。

真澄の家族についてのくわしいことは、ベールにつつまれたようで、よくわかっていません。ただ一族の白井又三郎が、吉田藩（愛知県の一部）のお家騒動にくわわり、藩を追放されてから、一家は豊橋にいられなくなり、岡崎にうつったようです。

真澄は、小さいときから学問がすきでした。十四、五歳のころには、植田《うえだ》義方《よしえ》という人から国文学や和歌の手ほどきをうけていました。義方は吉田（豊橋市）に住んでいました。国文学をさかんにするためにちからをつくした賀茂真《かものま》淵《ぶち》とは、親戚のあいだがらでした。そして義方は真淵から学問を教わっていましたから、真澄は、賀茂真淵の孫弟子といえないことはありません。

義方は、真澄より二十歳年上でした。義方の家は大きな地主でもあり、ゆうふくでしたので、かれは蔵書家としても知られていました。ここで真澄は国文学などの書物を多く読み、勉強にはげみました。義方との関係は、真澄がかれを、「学びの親」として尊敬していただけあって、真澄がのちに遠い旅をすみかとするようになってからも、手紙のやりとりがながくつづきました。

ある年、真澄は知人につれられて、富士山に登りました。そのかえりみちに、甲斐国（山梨県）で、古墳からほりだされた曲玉《まがたま》を見ています。また遠江《とおとうみ》（静岡県）の秋葉山神社におまいりしたかえりに、ある神社をたずねて、その宝物となっているたくさんの曲玉を見せてもらっています。

このように、少年時代の真澄は今日のことばでいえば、考古学や民俗学に関心をしめしていたといえましょう。こうした好奇心が、のちに真澄に旅をさせるようになりました。旅と学問と人生が、この人ほどみごとに結晶した例は、きわめてまれなのですが、ここにその重要なめばえが見られます。これにも植田義方の影響が強かったようです。

そして、岡崎から名古屋にでて本草学《ほんぞう》（薬学）・医学の修業を積み重ねました。もともと、白井家には、「金花香油《きんかこうゆ》」という、ひふ病の薬のつくり方がつたえられていました。しかしそれとはべつに、真澄のもっていた本草医学の知識はそうとうなものでした。医学を知っているということは、たよる人もいない他国で生活をたてるうえには、有力な武器でした。当時の文化人であった医者とのまじわりもできたし、そのため人々の信用をえることもできました。医者にかかることのむずかしいそのころの農民に、真澄がうけいれられたのも、これが理由のひとつでした。

真澄が岡崎をあとにして生涯の旅にでたのは、天明三年（一七八三）の二月末で、かれが三十歳のときですが、それよりまえ、各地に旅をしていたことはまえにもすこし書きました。その国名をあげてみますと、三河から東は、いまの静岡県にあたる遠江、駿河、伊豆と相模（神奈川県の一部）、甲斐（山梨県）で、江戸（東京）には、いってないところをみると、あまり魅力を感じなかったようです。

西は、尾張（愛知県）、伊勢（三重県）、大和（奈良県）、紀伊（和歌山県）、近江（滋賀県）、山城（京都府の一部）、京都などです。京都には二十九歳の天明二年（一七八二）におとずれています。

さらに美濃（岐阜県）、信濃（長野県）があげられますが、真澄があるいたのは、いずれも中部、近畿の二地方にかぎられていました。

そして三十歳のとき、真澄は三河をでて、信州（長野県）をとおり、さらに越後（新潟県）をとおりぬけ、羽前（山形県）にはいってからは、七十六歳で秋田藩の角館《かくのだて》で死ぬまで、東北地方だけをあるきまわりました（北海道には足かけ四年いましたが……）。

よくよく東北の農村には真澄をひきつけるなにものかがあったのでしょう。

こうして真澄は『遊覧記』とよばれる旅行記を七十さつ書き、そのほか随筆や秋田地方のことを書いた地誌・スケッチなどをのこしました。

2　浅間山の噴火

天明三年（一七八三）三月、真澄は信州（長野県）飯田にはいり、そこから天龍川の右岸にそって北にいきました。中仙道の宿駅である洗馬《せば》から、すこしはいりこんだ本洗《ほんせ》馬《ば》の村につき、その年の十二月なかばまでの日記を『伊那の中路《なかみち》』に書いています。

七月二日、真澄は、松本のちかくに宿をとりました。夕ぐれちかくに、書物を読んでいると大きなもの音がしました。雷かと通りかかった人がいいましたが、空のようすがいつもとちがうようです。「ちかくの家で、うすをひいている音だろう。」ということになりました。しかし、やがてたずねてきた人のいうには、「このあいだから浅間山がさかんに火をふきあげている。あれはその音だ。」ということでした。

八日の夜に、またその音がひびいてきました。真澄が起きだしてながめると、重なりあった山々のむこうに、夏雲が空高くわきあがるように、けむりがのぼっておりました。それはむしろ美しく見えました。しかしあとで聞くところによると、浅間のちかくでは、空高くふきとばされた小石や大岩が、風につれてあたりにふりそそぐので、家がたおれたり、うまったりして、にげだすとちゅうで死んだ人は数もしれないということでした。

浅間山のけむりは、いつもは富士山とともにあたりのけしきをひきたたせて、人からほめそやされていました。しかしこのたびの噴火はこれまでになかったことだと、人々はいいあいました。このあたりは高い山のなかにある部落なので、それほど鳴りひびく音もひどくありませんでした。ところがある村では、ひるごろからいよいよいきおいが強くなって、地ひびきの音は雷のように、山や谷をゆさぶってひびきわたったそうです。たなの徳利《とつくり》や小さい鉢ざらなどがゆれて落ち、壁はくずれ、戸や障子《しようじ》もはずれて、家はかたむいてしまいました。国々の役所から早馬《はやうま》で、この音のもとはどこかとたずねまわり、木曾（長野県）の御坂《みさか》あたりまで出かけるありさまでした。それが日がたつにつれて、使者の数はふえるばかりだった、と真澄は日記に書いています。

浅間山はそれまでにも何回となく噴火しました。そのたびに人々は大きな被害をうけてきたのです。そのため浅間山の噴火については、たくさんの記録がのこされています。その記録のうえでもっとも古いのは、天武天皇の十四年（六八五）の噴火の記録で、いまからかぞえて、およそ千三百八十年ほどまえのことです。「灰が雨とふり、草木はみな枯れる」と『日本書紀』にでています。天明の噴火はそれからじつに二十二回めにあたります。

天明三年に浅間山が爆発したのは、六月二十八日ごろから七月八日までで、そのあいだ山はさかんに火をふき、いまの長野県をはじめ、中部地方、関東地方に灰や石をふらせました。真澄がくわしくしるした八日の日記には、熔岩、火になった石などが流れだして、たちまち大きな河のようになり、ふもとの田畑や村をおおいました。

吾妻《あがづま》川はそのためせきとめられて、利根川にあふれでました。三十五の村と四千戸の家、そして三万五、六千の人が熱湯やどろ土にのみこまれてしまいました。失われた牛や馬は、その数さえあきらかになっていません。その災害は四十里四方（約二万六千平方キロ）におよびました。一つの火山の噴火による死者の数からいうと、これは世界最大の災害の記録となっています。

このように、火山灰が田や畑の上をおおったため、こののち四、五年間はあちらこちらで作物ができなくなってしまいました。

こうした災害にいちどあうと、そこからたちなおることは容易なことではありません。そのため人々は、貧乏な暮らしからぬけだすことが、なかなかできませんでした。

被害はそれだけでは終わりませんでした。天明三年の夏はいつになくつめたい夏で、稲作もまた記録的な大凶作となり、人々は食べるものもなくなってしまいました。これを天明の大ききんといっています。

しかし、真澄の紀行によりますと、天明の大ききんも信濃（長野県）のあたりはまだ東北地方とはちがって、それほどひどくなかったようです。

あけて天明四年（一七八四）の六月の終わりに、真澄は一年もとどまった本洗馬村をたって、越後にむかって旅だちました。旅だつまえに心配だったのはみちのくのきびしい生活のことでした。しかし、南安曇《みなみあずみ》郡のある村では、夏のころ、一升（一・四キロ）百五十文した米のねだんが、秋にはいると、七十文までさがり、ことしは作がらもよさそうだと、よろこんでかたる旅人の話を耳にしていました。だからみちのくといっても、七月になればやがて田畑の収かくもあるだろう、そうすればたべるものの心配もあるまい、真澄はそう思って旅だつことを決心したのです。

このとき、ある学問ずきの若者が、真澄をとちゅうまでおくろうと申しでて、いっしょに出かけたのでした。この若者は三溝政員《みつみぞまさかず》といい、本洗馬で真澄の世話をしていました。政員は真澄から、源氏物語や竹取物語の講義をきき、歌も教わりました。政員は真澄の教養と人がらにひかれ、すこしでもいっしょにいたかったのです。わかれぎわに政員は、

「もし越後が凶作で、旅がつづけられないようでしたら、またこの村におかえりください。」

といいました。やはり、食料のたらない不安な世のなかではあったわけです。

日本海ぞいに長くよこたわる越後国を四十日でとおりぬけて、九月上旬には、鼠《ねず》が関にはいりました。ここから羽前（山形県）で、さらにそれから鶴岡、つぎに羽黒山にまいって、酒田に出、北にすすんで、二週間ばかりで羽後（秋田県の一部）の人となりました。それから海岸ぞいに本荘《ほんじょう》まですすみ、そこから街道をはなれて山道にはいりました。西馬音内《にしもない》についたときは、もう十月もなかばちかく、雪がふかくなって、あるくことはむずかしくなっていました。それで柳田村《やなぎだ》（湯沢市）で、しんせつな老人にすすめられるままに、冬をこすことにきめたのでした。まえの年からつづいている大ききんのなかで、「北国での寒さと食料のふそくは、生命に危険がある。春になり、雪がとけて、山菜などがうんととれるようになるまでは、遠い旅はむりだ。」と、自分にいいきかせて、年があけてカッコウが鳴くころまで、老人の家にせわになったのでした。

ここで、真澄はやっとみちのくらしい風景と、めずらしい正月行事などに出会うことができて、さっそく日記にくわしく書きとめています。このときに、雪穴をほって、そ

のなかで子どもたちが火をともしてあそぶ「かまくら」の行事を見て、スケッチもしています。

雪国では、春さきがいちばん生活にこまる季節でした。なぜなら冬のあいだに、たくわえていた食料を食べつくしてしまうからです。それで真澄も、ワラビをとりに山にいきました。そうして薬をつくるのにつかう蛇頭骨《だとうこつ》をひろいました。この地方には、これまで真澄が見たこともない植物がたくさんあって、とてもめずらしく、真澄をたのしませてくれました。

3　ききんのなかをゆく

天明の大ききんはずいぶんひどいものでした。それでも真澄は津軽（青森県）にはいるまでは、それほどいたましい光景に出会うことはなかったのです。

ところが津軽にはいると、その事情はまったくかわりました。イネは熱帯原産の植物ですから、それが実るためにはじゅうぶんな温度がいります。いちばんよく生長する七、八月に、平均気温がすくなくとも二十度Cにならないと、イネはよくできないといわれています。ところが、天明三年（一七八三）は、春からつめたい雨がふりつづき、六月になっても寒く、北東の風がふいていたのです。

真澄が、日本海岸ぞいに陸奥《むつ》（青森県と、岩手県の一部）の国ざかいから木蓮寺坂《もくれんじざか》をこえて津軽にはいったのは、天明五年（一七八五）八月でした。そこには、一昨年の大ききんの被害が、まだ目をおおうほどのこっていました。真澄は『外《そと》が浜風《はまかぜ》』につぎのように書いています。

――八月六日。金《かな》が沢《さわ》をすぎると、雨具をとおすほど雨がひどくふってきました。はげしい波風に、沖の船は帆をおろし、わずかな帆でとぶようにすすんでいました。かじも波にとられるのではないかと、磯から見る者は、はらはらしていました。やがて船頭は髪をふりみだし、手を合わせて神に助けをこいはじめました。

七日。船が難破したというのは、きのう見た船でしょうか。とても気がかりです。あちこちの浦や港で船がしずみ、多くの人が死んだと、たいへんなさわぎをしています。

たんぼの稲穂は風のために白くなってたおれ、畑もぜんぶ被害をうけていました。船のそうなんとともに、この世のありさまをある男がなげくと、つれの女もなきかなしみました。集まった人たちも、おととしのききんより損害は大きいだろう、自分たちにどのような罪があって、このようにつらいめにあうのであろうかと、みんなのなく声は耳もきこえなくなるほどでした。

八日。鯵が沢の港では、しずんだ船から、積んであった荷物をひろおうと、小舟をのりだしていました。長い柄《え》のついたかまや、くまでをもった人が海岸にたくさんいます。

難船の荷物をひろいあげると、荷の持主から、一割のお礼がでることになっていました。そのために荷物をひろうことは海にそった村々のいい収入のひとつでした。なかにはひろいあげたものを名主（村のかしら）にとどけないで、そのままもちかえる人もあり、それがおおめにみられていました。

十日。卯《う》の木、床前《とこまえ》（西津軽郡森田村）という村の小道をわけていくと、雪が消えのこっているように、草むらに人の白骨がたくさんみだれちっていました。あるものはうず高く積み重なっていて、頭蓋骨などのころがっている穴ごとに、ススキやオミナエシがはえていて、思わず目をそむけるようでした。ある男が、

「ごらんなさい。これはみな飢え死にした者のしかばねです。天明三年の冬から、四年の春までは、雪のなかにゆきだおれになった者のうちにも、まだ息のかよう者が数しれずありました。そのゆきだおれ者がだんだん多くなって、重なりあって道をふさぎ、道ゆく人はそれをふみこえてとおりましたが、夜道や夕ぐれどきになると、あやまって死がいの骨をふみおったり、くされただれた腹などに足をふみいれるありさまで、そのくさいにおいといったら、そ

『外が浜風』の旅のあと

れはひどいものでした。

食物がないので、生きている馬をとらえ、首に綱をつけて、家のはりにむすび、刀を馬の腹にさして殺し、したたる血をとって、いろいろな草の根といっしょににて食べたりもしました。のちには馬を殺すのに、にえたぎっている湯を馬の耳からそそいだり、また首をなわでしばり、ちっそく死させたりしました。野をかけるニワトリや犬もとって食べたのです。

こうして、生きものを食いつくしてしまいました。すると自分の産んだ子、あるいは弱っている兄弟や家族、また病気で死にそうなたくさんの人々を、まだ息をしているのに脇差《わきざし》でさしたり、または胸のあたりを食いやぶって飢えをしのぐこともありました。人肉を食った者の目は、オオカミなどのようにぎらぎら光り、馬を食った人はみんな顔色が黒くなって、やっと村々に生きのこったのです。人肉を食って見つかった者は、国の役人につかまり処刑されました。

また、弘前《ひろさき》（青森県）ふきんへむすめを嫁にやっていた女がありました。むすめが、このききんに母はどうしているかと、夕方ちかくに一日がかりの道のりをたずねてみました。そうしておたがいに無事をよろこびあったのでしたが、母がじょうだんに、むすめにむかって、

『サルがまるまると肥えているようだ。食べたらさぞおいしかろう。』

といいました。むすめは母のじょうだんとは知りながらも、うすきみわるくなって、夜、

母の寝たすきをみて、戸をおしひらいてにげかえったということです。

このような世のありさまのおそろしさは、とても人間のすることとは思われません。わたしは地獄とはまるでこのようなものではないか、死ねるものなら死んでしまおう、生きてつらいめにあうよりも、と覚悟をきめたことがありました。しかし、天の助けか、わたしどもはわらをついてもちにし、クズやワラビの根をほって食べ、これまでいのちをながらえてきました。ことしもさきごろの暴風にわざわいされて、農作物が被害をうけました。またもききんになるのではないかと心配です。」

と、男はなきながらかたって、べつの道にいってしまいました。

この話は真実であろうか。家はみなたおれ、ある家は骨ぐみばかりで柱だけ立っている。それを見ながら、わたしはすぎた日のひどいありさまを、思いうかべてみました。

この日は五所河原《ごしょがわら》に宿をとりました。――

このようにききんのひどいありさまを、自分の目で見つめながら、かれの旅はさらにつづきます。十八日は、かねてから心にきめていたえぞ地（蝦夷。北海道のこと）へ、いつわたったらよいかと、青森の善知鳥《うとう》神社にまいって、うらないをたてています。神のおつげは、

「ことしはよくない。三年まつがよかろう。」

ということでした。そのあいだに奥州（東北地方）をまわろう、えぞ地にわたる準備も、じゅうぶんやらなくてはいけないと、真澄は思いました。

あけて十九日に、浜の道にでてみると、なべやかまをせおい、食器やいろいろの器ものを手にもち、おさない子どもをかかえてくる人たちに会いました。これは食料のないところで飢え死にするよりは、ほかの土地にいったほうがいいと、自分の住んでいた土地をにげていく人たちのむれでした。そしてそれは、つぎからつぎへとつづいていました。

こうして土地をはなれることを、「地逃《じに》げする」といいます。この人たちは、「まえのききん（天明三年）には松前（北海道）にわたって、そこの人にすくわれた。さてこんどは、どこのだれのなさけをうけて生きられるだろうか。農作物のできのよかった地方にいきたいものだ。」

といっていました。このようすでは、これ以上浜の道をいけば、食料がつきて自分も飢え死にしてしまうだろう。もとの道をひき返さなくてはと、まえの晩とまった浪岡《なみおか》の宿にもどりました。そして宿で、きょう見た流民のことを話しますと、宿の主人は、

「さようです。ことしも暮れまで食べつないでいくのがむずかしいでしょう。去年、おととしまで、この村は馬を食っていのちをつないできました。家の数は八十戸ばかりですが、馬の肉を食べなかったのは、わたくしの家をいれて七、八軒ぐらいしかありません。大雪などの上に、死んだ馬をすてておくと、髪をふりみだした女たちが大ぜい集まってくるのです。そして手に手に菜《な》切りぼうちょう、魚切りぼうちょうをもって、自分がよいところの肉をさきにとろうと、わめきあらそいました。そうして血のしたたる肉

を腕にかかえていきました。

また、人が道にたおれると、その死がいに犬が頭をつっこんで食いあるき、血のついた首をもたげてほえまわるおそろしさは、いいようもありませんでした。またことしが、これまでよりもっと不作になりましたらたいへんです。こんどは食料にする馬、牛も食いつくし、ワラビやクズの根もほりつくしたので、いまからアザミの葉やオミナエシをつみ、これをむして食料としています。」

となきながらかたりました。家の人は夜おそくまで、いろいろの草をまな板の上にのせて、たたいていました。その音は布をやわらかくするためにたたく、砧《きぬた》の音よりもさびしく、真澄は悲しみの涙にくれながら、夜をあかしました。

真澄の『外が浜風』の旅はまだつづくので、もうすこしききんについて書いてある話をおってみましょう。

浪岡から黒石をとおり南へ、大鰐《おおわに》からさらに矢立峠《やたてとうげ》をこえて、秋田領にはいってからのことです。

――二十三日。長走《ながばしり》をすぎると道のかたわらに無縁車《むえんぐるま》という、卒塔婆《そとば》（墓に立ててある塔の形をした板）に金輪《かなわ》をさしたものがありました。それは飢え死にした人をとむらうためにつくってあるのでした。ひとりのこじきがいて、涙を流しながらひとりごとのように、

「ああ、わたしの一族は、みなこのようになってしまった。すさまじい世のなかだ。」

といっていました。ちかづいてたずねると、

「われわれは馬を食い、人を食って、かろうじて生きのびてきました。しかしことしの風でイネに実がはいらず、このようにこじきとなっております。」

といいました。馬や人を食ったのはほんとうなのか、ときいてみますと、そのこじきは、

「人も食べました。耳や鼻はとくによかった。馬肉はついてもちにするとたいへんおいしい。もとより食べてならぬものなので、他人にはいっさいしゃべりません。といいますのは、もしそのことがわかれば、ああきたないといって、下男や奴《やっこ》などにもつかってくれる人がないからです。とうといお寺や神社におまいりなさる旅人やお坊さんには、わたしもざんげの気持ちがあり、こうしてお話をすることが罪ほろぼしにもなると思って、ありのままを申しあげるのです。」

とかたりました。このこじきは秋田にむけていくというので、いくらかの銭をあたえて別れました。

やがて大館《おおだて》の町にはいると、サナツラ・アケビ・マツフサ（みんなたべられる植物）、ただもち、はなもち（くずかつらの根でつくったもち）、しとぎ（粉をかためてつくったもち）をならべた店から、

「さあ、おあがり。お休みなさい。」

という声がきこえ、それにさそわれて、わたしはある一軒の店にはいってひと休みしました。——

真澄が、書いているように、天明の大ききんは、今日からはとても想像できないほどひどく、いたましいものでした。東北では、弘前、八戸《はちのへ》、盛岡の諸藩がひどかったのですが、ことに弘前藩領は目もあてられないひどさでした。しかし真澄が見たのは天明五年のことで、『外が浜風』のなかには、まえの年のひどさを聞いて書いたものが多くまじっていますから、じっさいには、さらにひどいものだったのです。天明三年十月から、よく四年八月までに、飢え死にした人の数は十万二千人あまり、家族の人が死にたえた家は三万軒以上、病気で死んだ人は三万人をこえ、地逃げした者は八万人あまりもありました。

米のねだんもあがって、七斗《と》（約百キロ）が四十八貫文《かんもん》、ネコ一ぴき三百文、犬七百～八百文、馬三～四貫文といわれました。城下の金持ちの町人も、お金をまくらもとにつみかさね、絹のふとんにやすんでいましたが、家族に飢え死にした人を何人もだしています。葬式もできないので、井戸のなかに死がいをいれておいたということです。

こうした大ききんにたいして、藩の対策はじゅうぶんではありませんでした。食料ぶそくと物価高に生活の不安を感じた人々は、さわぎだしたのです。放火がなんどもおこり、米屋や金持ちの町人の家がおそわれました。農家の馬小屋に火をつける者もありましたが、それは馬肉を食うのが目的でした。

ききんに死者を多くだすのは、塩のふそくにも原因がありました。

「ききんのとき人が死ぬのは、食物がないばかりではない。何日も塩を口にしないで、胃に塩とこく物がともになくなったところへ、山や野原からとった草の根や木の葉を、塩をいれないで食べるから毒あたりして死ぬのである。塩をたえず口にしておれば、草の根や木の葉を食べても死ぬものではない。塩はききんの年にはいちばんよい毒消しである。」

とむかしのききん対策を書いた書物にでています。

　人肉を食べ、親が子を殺した話は津軽だけのことではなく、南部《なんぶ》（岩手・青森県）にもありました。三戸《さんのへ》の在で自分の子をふたり殺した女がありました。これをとらえるために追手《おって》がでかけたところ、女は山へにげこみました。しかしついにさがしだされ、鉄砲でうち殺されています。

　藩ではおすくい米（食料ぶそくをおぎなうきゅうじょ米）をたびたびだしましたが、それではとてもたらず、飢えて死んだ人はあちこちにたおれていました。二、三歳の子どもを川へなげいれ、こじきに出る女がたくさんいました。そうした女のうちに、ある川原へ七、八歳のむすめをつれていったものがありました。その女はむすめを、石をまくらにして寝させせました。はじめは、髪の虫などをとっているように見えましたが、そのうち手ごろの石をふりあげ、ちからまかせにむすめの頭をひとうち、うちつけました。女の子はわっとなきだし、

「これからは食いたい、食いたいとはいわないから、どうかゆるしておくれ。」

となんどもあやまりました。しかし、女はゆるさないで、なおも頭をうちつづけ、みじ

んにくだいてしまいました。そしてまだむすめが息をしているうちに、川へおし流してしまいました。女は目をこすりながらあるいていきましたが、それからゆくえがわからなくなったということでした。

慶長十五年（一六一〇）から、昭和二十二年（一九四七）までの、およそ三四〇年のあいだに、東北地方におきたききんや不作の年は、全部で四十七回をかぞえ、南部藩（岩手・青森県）の記録を見ると、天明元年（一七八一）から寛政元年（一七八九）までの九年間は、毎年ききんや不作がつづいたことがわかります。徳川時代のなかばごろから、明治にかけての大きなききんは、この天明の大ききんのほかに、天保《てんぽう》のききん、慶応から明治初年のききんがあります。当時の大名はききんや不作のときには、「津止《つど》め」といって、重要な米や、そのほかの食料をよその藩にもちだすことを禁止しました。そのため食料の不足しているところは、いよいよ食べるものがでまわらなくなり、ききんの被害はいっそうひどくなったのです。

ききんの年には、米のねだんは急にあがります。それが人々のなやみでした。まえにお話したような人々のさわぎは、「うちこわし」とよばれました。大阪は天下の台所といわれ、徳川時代には日本の経済の中心地でしたが、そこでさえ五回のうちこわしがおこっています。なかでも、天保八年（一八三七）のうちこわしは、「大塩平八郎の乱」としてよく知られています。

大塩平八郎は幕府の役人でしたが、こまっていた人々の生活を見かねて、倉庫をひらいて米をくばったりしました。そしてついには同志とともに、「救民」の旗印《はたじるし》をかかげて、農民・市民をまとめ、かれらに武器をもたせて鴻池《こうのいけ》という金持ちの家や、商人の店に大砲をうちこんだり、市中を焼きはらったりし、とりしまりの大阪城の兵とたたかいました。平八郎は死にましたが、こうした動きはだんだん封建制度をうちやぶり、徳川幕府のちからを弱めていくことになります。

4　北上川にそって

真澄が、三年もつづいたききんのために、ひどい食料難にあえいでいる津軽をあるくことをさけたのは、けんめいでした。また、北海道にわたるのを三年ほどのばしたことも、おそらくよかったのではないかと思われます。ただそうはしていても、真澄はアイヌについての観察をいろいろしています。そのころ交易のために、松前から青森の港にアイヌがきており、その男と女のさま、かれらが使っている生活用具などをスケッチしています。

さて、大館からひきつづいて、『けふのせば布《きょうのせばぬの》』の紀行にはいるわけです。この日記は秋田県鹿角《かづの》郡花輪《はなわ》、湯瀬《ゆぜ》から、折壁《おりかべ》の関をすぎ、岩手県二戸《にのへ》郡田山に出、さらに浄法寺《じょうぼうじ》から末《すえ》の松山を見て、こんどは北上川ぞいに盛岡、花巻、黒沢尻《くろさわじり》をとおり、岩谷堂《いわやどう》（江刺市）にいたっています。

鹿角郡土深井《つちふかい》（十和田《とわだ》町）をでて、松山の部落をすぎてけわしい道をわけていくと、山かげに、はらはらと鳴る音がしきりに聞こえました。草を刈っている子どもにたずねてみますと、シカ（鹿）のなずきおしといって、雄《お》ジカどうしが、角と角をつきあってたたかっている音でした。案内の子どもに、

「この山道はシカがたいへん多いな。」

というと、子どもは、

「だからここの土地の名が鹿角です。」

といってわらいました。

真澄は、鹿角郡へきてから、かねて興味をもっていた錦木塚《にしきぎづか》の話がつたえられている土地をたずねようとしていました。

むかし、みちのくには、男がおもう女に会おうとするとき、女の家の門口《かどぐち》に錦木を立てるならわしがありました。錦木とは、よく紅葉する木を、立てる人の身長とおなじ長さに切って、たばねたたきぎのことです。この一たばを女の家の門口に立てかけてくると、女にその気があれば、すぐとりいれますが、とりいれなければ、男は千たば立てるまでつづけたといわれています。

古川という村（十和田町）で真澄は、この錦木塚をたずねあて、それにまつわる長い伝説を書きとめています。

この日記では、真澄は地名に関係のある古い和歌を思いうかべながら、それを書いています。真澄は少年時代に和歌をならったりしていますので、そうした和歌のほうから

も錦木塚伝説に興味をもっていたのです。そして土地のならわしや人々の生活のようすをだんだん聞き、それを書きとめているうちに、観察するちからもしだいにすぐれてきました。その日記は、今日の学問からもりっぱな資料となる、独得の紀行文になっていったようです。

大里では、尾去沢《おさりざわ》銅山の銅を精錬するけむりを見ています。

国ざかいにちかい湯瀬《ゆぜ》（八幡平村《はちまんたい》）は、その名のように温泉場です。ここの湯治客《とうじ》にまじって、山刀を腰にさしたマタギ（狩人）の老人からおもしろい話を聞きました。

そのとしおいたマタギは、

「自分が若かったころは、国々をあるきまわったものだ。遠江《とおとうみ》、三河などは、とくに長くいた。」

などとかたるので、真澄は、

「どんな仕事をしていたのですか。」

とたずねますと、

「ずほう山といって、まったく金のとれない金鉱なのに金が出る出るといって、山という山をほりまわっては、人の銭をだましとっていた。まあ盗人のようなもんだね。そのむくいで、いまはそまつなものを着て、そまつなものを食べながら、シカやサルをうって、はかない世わたりをしているのさ。」

と答えました。

むかしはそういう山師がいて、地方の農民をだましてあるいていました。遠江、三河はイノシシ、シカなどの動物が多いところで、秋田のマタギも山から山をつたわって、よくでかけていきました。あるいはこの老人もそうしたなかまのひとりで、ときに里にでては、ずほう山で金もうけをしていたのかもしれません。

田山（二戸郡安代《やすしろ》町）では、めくら暦《ごよみ》を見ました。このあたりの村では、文字を知っ

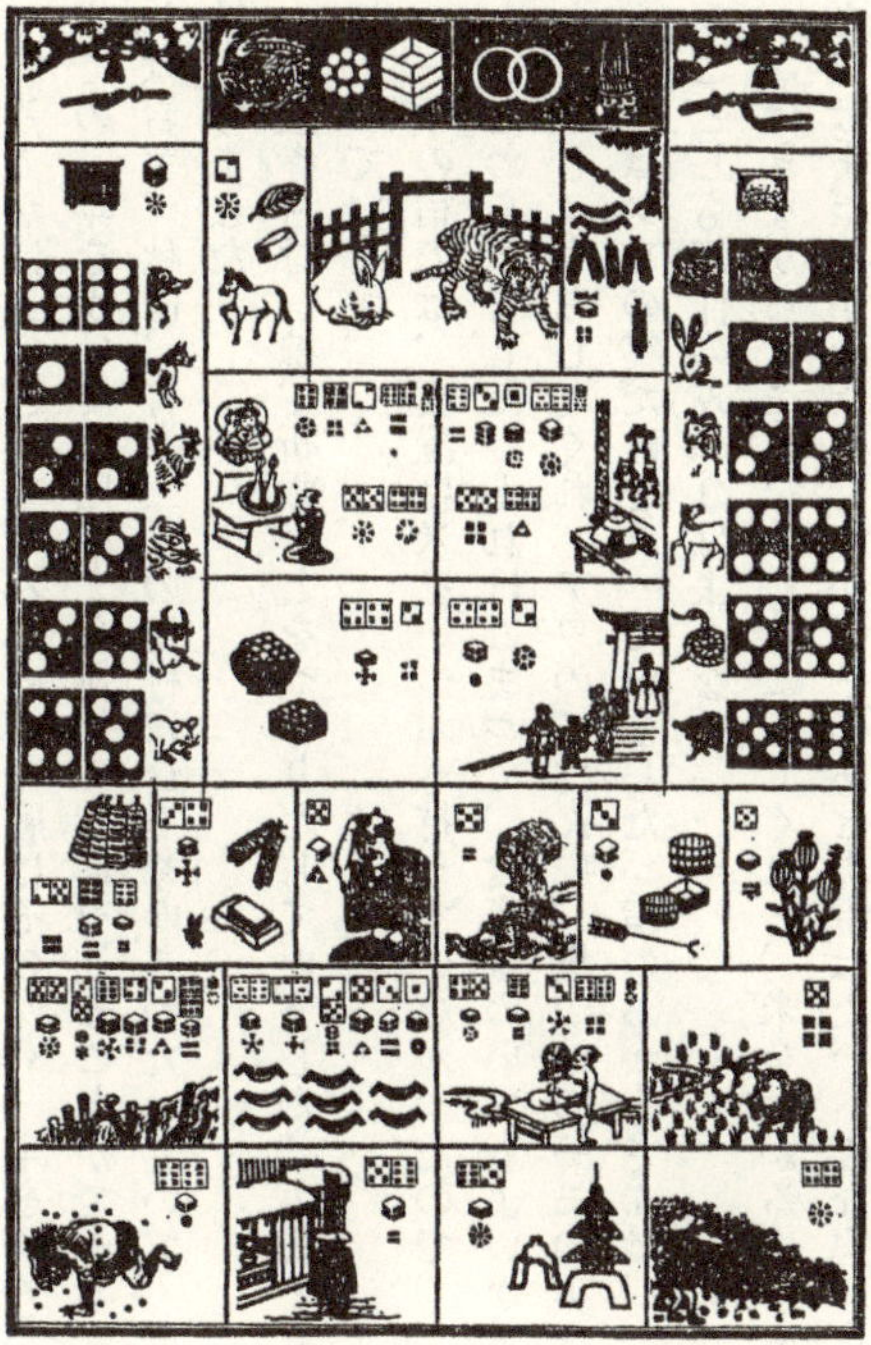

めくら暦

ている人がほとんどいません。めくら暦はそのため、字を書くかわりに絵で、春から冬までの一年をかいて、田植えや耕作の時期を知ることができるようにしたものです。これは岩手、秋田、青森三県の農村にひろくゆきわたっていて、農業技術をひろめるのに役だちました。

浄法寺村《じょうほうじ》は、椀、折敷《おしき》などをつくりだしていました。いまでも浄法寺塗《ぬり》の産地として知られています。

一戸《いちのへ》の宿では、真澄は米を一つぶも持っていなかったので、とめるわけにはいかないとことわられました。かれはこまって、食事はぬいてもよいからと、しきりにたのむと、やっとしょうちしてくれ、アワのごはんに、塩づけのモモの実をだしてきました。家の人たちはクリの実だけを食べていました。宿のおかみさんは、

「ことしも畑作のみのりはよくない。」

となげきながら、これをまくらにしてくれと、米をはかるますをだしてきました。それまではまだよかったのですが、そのあと真澄はたいへんな思いをしたのです。

夜なかに、なにかの音がしたので、真澄が目をさましてきき耳をたてていますと、ニワトリもまだ鳴かないのに、宿のおやじが火をさかんにたいて、なにかをといでいました。そっと顔をあげてみますと、炉のへりに、おのやまさかりをとぎあげてならべていました。それが氷のかけらのように光って、なんともぶきみでした。これは、このはなれ家で自分のいのちも終わるのであろうか、この宿のおやじはものとりであろうか、に

げ出すにはどうしたらよかろうかと、真澄は身につけていた旅刀をにぎりしめて、息をこらしました。おやじは白髪をふりみだし、ひげをかきなで、光る眼《まなこ》でへやのすみずみまで見まわしました。こちらに気づいたのだろうかと思っていると、外からあらくれ男がふたり、どかどかとはいってきました。

頭は布でつつみ、はちまきをして、みのをまとい、首にはまさかりをかけていました。男のひとりは、

「ここにねているのはだれだ。」

とおやじにききました。おやじは、

「旅人だ。」

と答えます。

「ひとりか？」

というと、その答えはなくて、

「夜の明けぬまに。」

といいます。真澄はいよいよこころがおちつきませんでした。するとおやじはむすこを起こしました。若者は起きると、手甲《てっこう》、脚絆《きゃはん》をつけ、ほかの人たちとおなじようななりをして、みんなで門口から、歌をうたいながら出ていってしまいました。

山仕事にいったのです。早くからおのをといでいたのは、山ゆきの用意だったのです。真澄はあとで、自分のこころのもち方を恥じました。

真澄はそれからひとねいりして、

「めしのしたくができたから、起きなさい。」

という声で目をさましました。みると、ゆうべのあらくれ男たちは、すでにならんで、ヒエめしを食べていました。真澄はアワめしをすこし食べただけで、おそろしい思いをしたその家をあとにしました。

御堂《みどう》（岩手郡岩手町）という村の観世音菩薩《かんぜおんぼさつ》は、聖徳太子がまつったといわれ、お堂は坂上田村麻呂《さかのうえのたむらまろ》のたてたものといいつたえられています。そこの鳥居に北上山という字を書いた額があげられ、堂の前にはささやかな泉がありました。これが北上川の源になっていました。願いごとがある人は、こよりをこの泉の水面に投げると、願いのかなうものはしずみ、神にうけいれられないものは、ういて流れていくとのことでした。

盛岡は、さすがに城下町で、ゆたかな家がならび、町もひろく、にぎわっていました。北上川の岸辺に宿をとると、すぐ舟橋《ふなばし》が目につきました。

舟橋というのは、舟をつないでならべ、その上に丸太をわたし、さらにその上に板をしきならべて作った橋のことです。川幅がひろかったり、流れが急だったりして、木の橋を作りにくいところでは、むかしはさかんに利用された方法です。

北上川にかけられたものは、二十そうばかり小舟をうかべ、川の中央の洲《す》に柱をたてて、金綱《かなづな》をひっぱり、それに板をしいて、馬でも人でも心配なくわたれるようになっていました。

花巻では、ある医者の家にとめてもらいました。するとある日、火事にあって、仮屋ずまいを何日かしなければならなくなりました。真澄はめいわくをかけてはいけないと思って、出発しようとしたのですが、

「このさわぎのなかにあるわたしたちを見すてないで、いましばらくとどまっていてほしい。」

といわれたので、出発をのばしました。そしてやがてでかけるときは、知人から綿入れのきものをおくられました。こんなことから考えてみると、真澄は、ゆくさきざきで、人々からうやまわれたり、たよりにされたりしていたのでしょう。

黒沢尻《くろさわじり》（北上市）では、宿の主人から、冬の終わりから一月のはじめにかけて、この西にあたる後藤野《ごとうの》という広い野原の雪の上に、しんきろうが見えるということを聞きました。しんきろうは富山湾のものが有名ですが、空中に町や市場などがうつって見えるのを、むかしの人はキツネのしわざと考えて、キツネの館《やかた》といっていました。三本木平《さんぼんぎだいら》（青森県）では、一月の末にしんきろうがあらわれ、そこではこれをキツネの柵《さく》とよんでいます。やはりキツネのしわざと考えているようです。

黒沢尻をたつ日、北上川を舟でわたっていくと、やなをかけてサケをとる人々が水辺にならんでいるのが目につきました。そして、かれらの頭の上を、寒そうに川風がふきわたっていました。

5 真澄に会った旅人

あけて天明六年（一七八六）の正月を、三十三歳になった真澄は、いまの岩手県胆沢《いざわ》郡胆沢村でむかえました。そして一月二十日に、三河の植田義方にあてて手紙を出しています。それは平泉の毛越寺《もうつじ》のあるお坊さんが、京都にいく機会があったのでことづけたものです。その返事が三か月たって、四月二十七日にとどいています。その返事もやはり、そのお坊さんが持ってかえってくれたものでした。

義方は真澄の先生であり、こうした通信がなんどもくり返されていました。しかし、いまのようにべんりな郵便制度がない時代ですから、手紙は旅人などにことづけて、とどけてもらうしか方法がなかったのです。だからうまく相手のいる土地へいく人がいないと、一般の人はいつまでたっても手紙は送れなかったわけです。

植田義方の家は、いまも豊橋市にあり、そこにはべつに真澄からおくられてきたススキの穂が一本あります。そのつつみ紙には、天明七年（一七八七）十一月に、陸奥真野《みちのくまの》萱原《かやはら》の尾花（ススキ）が白井英二（真澄の少年時代の名）よりおくられてきたと書かれています。

真野萱原は、北上川の川口にある石巻《いしのまき》港の近くといわれ、真澄が仙台、松島方面の旅をしたときに手紙にそえて義方に送ったものでしょう。つぎの年には、やはりおなじようにしてとどけられた鳥の羽が一まいあって、それには天明八年（一七八八）十一月、松前のツルの思い羽とあり、この年の七月に、松前にわたってからのち、おくられたものと思われます。

真澄は鳥の観察もよくし、ことに下北半島をあるいたときの日記には、鳥のことがたくさん書かれています。下北半島はわたり鳥のとおりみちであり、また真澄は鳥の多い季節にそこに滞在していました。日記にはフクロウ、シジュウカラ、テラツツキ（キツツキ）、ウグイス、キジの名がみえ、そしてたくさんのガンが鳴きながら北の空へとんでいくのを見た日には、しきりにふるさとのことを思いうかべています。

旅にでると、身よりも、たよる人もないので、ひとりぼっちのさびしさをあじわわない人はありませんが、真澄が北海道にたどりついたときは、とくにさびしく思う事情がありました。

真澄がスケッチした舟橋

それは、北海道にいくのを三年のばしているあいだに、政治情勢がかわって、松前藩はよそものの上陸をゆるさないようになっていたことです。真澄は運わるく、船にのるまでそのことを知りませんでした。どうやら藩とのあいだをとりなす人があったので、特別のはからいで北海道にわたることをゆるされました。しかし、ゆるされるまでは友人もできず、旅行のべんぎもあたえられなかったので、そのあいだはツルの羽でもひろって、こころをなぐさめるよりほか、しかたがなかったのでした。

植田義方とのあいだには、そののちも津軽から、日記の原稿をおくって見せています。

真澄の書いたものを読むと、かれが旅のとちゅうで出会った人がくわしくしるされていますが、そのなかには思いがけない人が顔を出してきます。真澄その人も「永遠の旅人」として一生をおくりました。しかし、かれのほかにも、名の知られぬ人で、旅から旅への一生をおくった人はすくなくありませんでした。ただ、遠い旅をしなければならない人は、だいたいかぎられた人たちだったようです。まず第一にあげられるのは、宗教をひろめてあるいた人たちでした。それから歌よみ、俳諧師、芸人がありました。

真澄が秋田県の名勝、象潟《きさがた》をおとずれたのは天明四年（一七八四）の九月のことでした。ここではおなじ宿にとまりあわせた人に、尾張（愛知県）の行脚僧《あんぎやそう》（諸国をまわって修行《しゆぎよう》しているお坊さん。雲水僧）がありました。

このお坊さんは、七日間の精進《しようじん》だといって、朝食についていたさかなも食べずに、雨のふるなかを出かけようとしました。かれは熱心な浄土真宗のお坊さんであったらしく、秋田の城中の天神林という家にある、親鸞上人《しんらんしようにん》のまくらをおがむために秋田にきていたのです。それとは知らぬ宿屋の主人は、せっかくここにきたのだから、ぜひ象潟を見物するようにとすすめました。ところがお坊さんは、

「わたくしは名所見物にあるいているのではない。」

といって、自分がここにきたわけを話し、雨の象潟にはなんのみれんもないように、さっさと宿をあとにしていきました。

それからずっとのちのことになりますが、真澄が秋田に住むようになってから、そのときのことを思いだして、天神林の家のことを人にたずねました。すると、たしかにそこには小さい布まくらがあって、たいせつにもちつたえていたが、あるとき、旅のお坊さんからのぞまれて、それをゆずってやったということを聞いたのでした。

まえにお話しした花巻の医者の家に、すすめられるままに、まだ日も高いうちに宿をもとめたときのことです。日ぐれごろに、ふたりの旅人がおとずれてきました。それは伊勢国（三重県）を出て、国々をまわっている歌よみと俳諧師でした。

真澄はこれらの人たちと一日をたのしんで、旅のわびしさをわすれました。あくる日、この人たちは真澄とはべつの方角へ出発しようとしました。

「どこかでまためぐり会いましょう。」

と約束して別れかけたのですが、おたがいになごりおしくなって、あと一日をおなじ宿に暮らしたことがありました。

北海道では、寛政元年（一七八九）に、江差、福山を中心にして、東海岸および西海岸の移民村を見ています。そして、その移民をたよってきた、内地からの旅僧や芸人たちのわびしい生活をさぐっています。

真澄とおなじ時代に生きた人ではありませんが、やはりひとりの旅行者として、真澄の紀行のなかに、ひじょうにちから強い顔をだしてくる旅僧がありました。それは円空《えんくう》です。

天明八年（一七八八）七月のある日に、真澄は津軽半島のはずれに近い三厩の浦（青森県東津軽郡三厩村）にいました。北海道にわたるすこしまえです。ここに観音堂がありました。

そのお堂のいいつたえによりますと、むかし、越前国（福井県）に足羽《あすは》という人がいました。ある日ゆめに観音があらわれて、

「われは年ひさしくここにあるが、みちのくの三厩にまいって、えぞが島（北海道）にまわる舟をまもり、また浦のまもりとなりたい。」

というおつげがありました。かれは、おどろいてすぐこの浦に仏さまをおくりたいと思ったのですが、知りあいもないので、そのまま年月をすごしていました。すると、あるとき、かれはおなじ越前国の人で、久米《くめ》という人が津軽にいくという話をききました。その人は檜原《ひばら》という村のきこりに、お宮をたてる材木をきらせて、大船に積んでかえるというのです。そこで足羽はかれに仏さまをまつってもらうようにたのみました。久米は、やがて津軽につき、三厩の伊藤五郎兵衛《ごろべえ》という船問屋に宿をとり、これまでのことを五郎兵衛に話しました。しかし五郎兵衛はそのうち機会もあるだろうと、仏さまをあずかってひつにおさめておきました。

それからさらに何年かたって、足羽のもとから津軽にきた円空という坊さんがありま

した。やはりえぞが島にわたりたくてきたのです。円空もその観音のことは足羽からきいて、すこしは知っていました。しかし、三厩の港につくと、仏像のおわします宿とは知らず、五郎兵衛の家にとまりました。そして話のすえに、やっと観音像のゆくえをたしかめることができました。宿の主人は、円空のきたことをよろこんで、お堂をたてることを約束しました。

円空はこれをきくと、三厩岩の上にある磯《いそ》山をひらいて、そこをお堂のしき地にしようときめました。この観音像は銀でできていて、一寸二分（約三・七センチメートル）の小さい仏さまでした。むかし、源義経がもっていたといい、あるいくさに、義経はかぶとにおさめて出陣し、勝利をおさめたといういわれがあります。義経の花押《かおう》（サイン）のある文書もそえられていました。

円空はみずから観音の像をおのでつくり、銀の仏像をその木の胸のところにおさめました。円空はさらに文書をつくり、これまでのいんねんを書きそえて、五郎兵衛のもとにおきました。これはいまものこっていますが、土地の人さえ知っている人はすくないでしょう。そののち、あるお坊さんがこれを見て、ひとに語ったところによると、古びた紙には義経の文字が書かれてあり、円空の書いたものは紙はまだ新しいけれども、ところどころにしみがついて、文字のはっきり読めないところがあったといいます。

さて、円空のつくった観音さまを、ある年、とりだしてひとにおがませたことがありました。すると、たちまち雨風がおこって海が荒れ、いなびかりがしてきました。これは観音のたたりであろうと、いそいでおさめてしまいました。それからは堂守のお坊さんのほかは見ることはないということです。春の終わりになると、かならず仏法僧《ぶっぽうそう》（コノハズクのこと。鳴き声がブッポーソーときこえることからきた名まえ）がこのお堂にきて鳴き、この堂はそれはとうといところですと、土地の人々は話していました。

さらに真澄が円空のつくった仏像を見たのは、あくる年の寛政元年（一七八九）四月の末で、北海道においてでした。

船にのって太田浦《おおたうら》というところにつき、海岸をまわってから、山にのぼると、太田権現《ごんげん》というお堂がありました。

堂の中にはおのづくりの仏像がたくさん立っていました。これは円空がこの堂にこもって、修行のひまひまに、あらゆる仏像をつくっておさめたものでしょう。また、近ごろも修行者がこの岩屋にこもって、谷をへだてたむかいの岩の面にしめなわをはり、木ぐつをはいて山めぐりをしたとみえます。岩むろの奥に、その木ぐつものこっていました。小さいなべや木のまくら、火打木がいっしょにおいてありましたが、これはおこもりをする人のためだということです。

さらにべつの岩のくぼみにも、円空のつくった仏像がまつってありました。そこにたたずむと、岩についた苔のしずくが雨のように落ち、谷には雲がたちこめて、いかにもこの世とは思われないしずけさでした。そしてブッポウソウの鳴く声がきこえてくると、つれの僧はありがたやと、じゅずをもんでおがむのでした。

円空が津軽半島から漁船にのって北海道にわたったのは、寛文五年（一六六五）か六年ごろのことです。真澄がわたったときより百二十年もまえになります。円空も北海道の玄関口、渡島《おしま》半島をかなりひろくあるいています。いまお話したように、円空は仏教をひろめるためにお堂をたて、仏像をたくさんきざみました。松前藩領内の堂社一四七のうち、円空のつくったものは二十五もあります。これによっても、そのころまだひらけていなかった北海道の開拓者たちに、仏の道を教え、かれらの精神のささえとするために、円空がいかにはたらいたかがよくわかります。移住者たちは、円空を生き仏として、今釈迦《しやか》、今行基《ぎようき》とよび、いわやの和尚ともよんでいました。そして、二十五社のうち、十社までが寛文五年（一六六五）にできています。

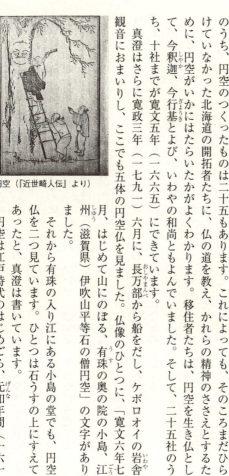

真澄はさらに寛政三年（一七九一）六月に、長万部《おしやまんべ》から船をだし、ケボロオイの岩舎《いわや》観音におまいりし、ここでも五体の円空仏を見ました。仏像のひとつに、「寛文六年七月、はじめて山にのぼる、有珠《うす》の奥の院の小島、江《ごう》州《しゆう》（滋賀県）伊吹山平等石の僧円空」の文字がありました。

円空（『近世畸人伝』より）

それから有珠の入り江にある小島の堂でも、円空仏を二つ見ています。ひとつは石うすの上にすえてあったと、真澄は書いています。

円空は江戸時代のはじめごろ、元和《げんな》年間（一六一五〜一二四）に、いまの岐阜県羽島《はしま》市の近くの農家に生まれました。二十三歳で出家してから、熊野で修験僧としてきびしい修行をつみました。そうして木仏を十二万体つくるという願をたてて、北海道、東北、関東、中部、関西と、各地をまわってあるき、仏像をきざみ、仏教をひろめることにつとめました。なくなったのは七十八歳くらいのときといわれ、さいごは岩屋にはいり、なにも食べないで、念仏をとなえながら死にました。

円空のことを書いた本に、伴蒿蹊《ばんこうけい》という人の『近世畸人伝』（寛政二年に出版された）がありますが、そのなかに、円空がはしごにのぼって、立木に仏像をほりつけている絵があります。黒い法衣をかたはだぬぎにして、右手になたを持ち、仏の顔をほりつけています。真澄は太田権現近くの道のかたわらで、木の根っこにおののあたるにまかせてきざんだ仏さまを見ました。これもそうしてほられたものでしょう。

円空のつくった仏像は、いまはいくつも写真集がでているので、見ることができます。いま木曾谷にある円空仏を見てみますと、十一面観音像、弁財天像、十五童子《どうじ》像は、野の仏からうけるのとおなじような、どことなくユーモラスな、ほのぼのとしたありがたさを感じます。聖観音《しょうかんのん》像（五十二センチ）も、どこかにえみをたたえており、あらけずりで生命力があふれています。韋駄天《いだてん》像（四十八センチ）は、きびしい一面をのぞかせています。

円空の作品はなたぼりといわれます。スギやヒノキの原木を二つわりにし、その外がわの両面にきざみました。最初なたで大きくちから強く切りこみ、そのあと幅びろののみでしあげるのです。その作品はあらけずりで、歯ぎれのよい木ぼりの味をたのしませてくれます。

円空の小さな、無数の仏像は、子どもたちから木《こ》っぱさまとよばれて愛されていました。円空も子どもが大すきでした。それで円空のきざんだ像を、子どもたちがひきまわして遊んでいるのをしかってやめさせた者が、病気になったという話があります。岐阜県下では、いまでも子どもが病気をすると、近くのお堂にある円空仏をもってきて、子どもの病気がなおるまで自分の家においておくのだそうです。円空はいまでも、こうして生きているということができます。円空は、民衆の生活指導者であり、また友だちであり、子どもの遊び相手でもありました。これらは真澄にもある共通したものをみとめることができます。

子どもとお坊さんといえば、良寛さまのことが頭にうかんできます。

さきに真澄が、天明四年六月の終わりに、越後にむかって旅だちをしたとき、真澄をしたってとちゅうまで見送ってくれた学問ずきの若者があったことを書きました。この若者と別れるまえの日に、白糸の湯（松本市）で、備中国《びっちゅうのくに》（岡山県）からきている国仙《こくせん》和尚というえらいお坊さんにあいました。この国仙和尚は、良寛上人《りょうかんしょうにん》の先生にあたる人です。

良寛は宝暦八年（一七五八）、越後（新潟県）の出雲崎に生まれましたから、真澄より四つ年下でした。家は名主と神官をかねており、父はかなり有名な俳人でした。十八歳のとき、とつぜん出家して、曹洞宗《そうとうしゅう》のお坊さんとなりました。そして二十二歳のとき、国仙和尚をしたって、備中玉島《たましま》にいき、そこに何年かいて修行しました。

真澄の叔父さんに禅宗のお坊さんがいて、真澄は叔父さんから国仙和尚のことをきいていたので、白糸の湯ではなつかしく思い、なにくれとなく語りあいました。国仙和尚は大ぜいのお供のお坊さんをつれていました。そのなかに若き日の良寛がいたはずですが、そのことは真澄の日記にはでていません。

良寛もまた旅の人であり、国仙和尚のもとをはなれてからは、二十数年のあいだ諸国をまわりあるいています。国にかえってからは庵をつくって、ひっそりと暮らしていました。晩年には百姓の子どものおもりをはじめました。今日の農村託児所といえましょう。

良寛は七十四歳で、越後の島崎村（新潟県三島郡和島村）でなくなりましたが、生きているうちに良寛の名は、秋田までもつたわっていました。真澄は「てまり上人」という文章を書いて、良寛が和歌や書のじょうずなことを書いています。良寛は托鉢《たくはつ》にあるくときに、ころものそでにまりを二つ三つ入れていました。女の子が手まりをついているのを見ると、自分もそでの中から手まりを出して、ともにまりつきをします。

この里の空の木下の子どもらと　あそぶ春日は暮れずともよし

という良寛の歌があります。

6　恐山にのぼる

寛政四年（一七九二）の十月はじめに、真澄はえぞからかえって、青森県下北半島のオコッペ（奥戸）という港に上陸しました。そして、その月の終わりに真澄は恐山《おそれやま》にのぼりました。恐山というのは、下北半島にある死火山で、今日でも信仰登山でにぎわっているところです。真澄の恐山登山はこれがはじめで、それから四回ほどこの霊場をおとずれています。

このときはふかい雪のなかをすすみました。ヒノキのしげっている山道をかきわけて、矢立《やたて》の地蔵をとおり、頂上の台地にたどりつくと宇曾利湖《うそりこ》という大きな湖があります。その岸辺からながめると、見わたすかぎり雪の岡がつづいていました。三途《さんず》の川は、鬼石《おにいし》という岩のあたりから、湯が流れだし、それはこいあい色をしていて、くさいにおいが鼻をつきました。小川にかかった橋は、罪ぶかいものはとてもわたれず、とちゅうよりひきかえすと、案内の者がいいました。

菩提寺に宿をたのみたいと、門をたたくと、腰のまがったとしとったお坊さんがたいまつをもってでてきました。そのお坊さんは、

「この雪道をよくおいでなさった。さぞ寒かったでしょう。」

と、柱のような大木を炉にくべて、真澄の冷えきったからだをあたためてくれました。

これが山寺のごちそうでした。夜は、ムササビが戸外からはいってネズミをとる音にさまたげられて、よく眠れませんでした。

あくる朝おきると、本堂におまいりしました。多くのお堂は戸をとざし、雪がこいをして、みほとけも冬ごもりのありさまでした。観音堂では、昨夜のお坊さんが、かねをたたき、しわがれた声でお経をとなえていました。

このお山は、遠いむかし、慈覚大師という人がひらき、地蔵菩薩をつくって本尊《ほんぞん》とされたといわれています。恵心僧都《えしんそうず》のつくった仏像もあり、円空のおのづくりの小さな黒菩薩もたくさんまつられていました。

イオウのたぎっている小さい池がたくさんあって、それぞれに名まえがついています。なまこの地獄、かねほり地獄、新地獄、ほしえ地獄、猟師地獄、百姓地獄、血の池、八《はち》幡《まん》地獄、塩やき地獄などがあり、なかにはほのおを高くあげ、雷の鳴るような音をたてているものもありました。塩やき地獄は塩をふきだし、おまいりする人はこれをなめて口の薬とするといいます。このほか極楽浜《ごくらくはま》、賽《さい》の河原《かわら》、白骨をおさめる塚、卒塔婆《そとば》塚などがあります。これらはみな人の死んだあとの世界を現実にかたどったもので、地獄、極楽にわかれ、人々は、近親者の死後がやすらかになるように供養のためこの山にのぼってくるのです。

ここにおまいりにくる人のたのしみに温泉があります。古滝の湯、薬師の湯、花染《はなぞめ》の湯など、その建物も多くならんでいます。しかしここはイオウ泉なので、お金や脇差など金属でできている品はみなタバコの葉につつんで、さびるのをふせがねばなりません。このあたりの山にはまた動物が多く、シカ、イノシシ、オオカミ、ウサギ、サルなどがいます。これをとって暮らしているマタギ（猟師）の部落もあります。

あくる年の夏、ヒグラシの鳴くなかを真澄はまた恐山にのぼっています。とちゅうの道で、材木をはこぶ牛にあいました。牛の背に木のかぎをつけ、これに材木をむすびつけています。そのむれが、人の往来をとめてしまうほどつづいているのは、このあたりが南部檜《なんぶひのき》の産地で、りっぱな森林が多く、これをきりだしてお金にかえているからです。

湖の岸辺はシャクナゲのさかりでした。菩提寺につき、あくる日の明けがたにブッポウソウの鳴く声を聞きました。ブッポウソウは三宝鳥《さんぽう》ともいい、四月八日の夜から七月の満月の夜まで百日のあいだ鳴くといわれています。

真澄が温泉につかっていますと、山仕事をする人たちも湯あみにきました。女も大ぜいいて、紺《こん》色の湯まきをつけてならび、頭に手ぬぐいをかけ、その上から湯をあびていました。

いったん山をおりた真澄は、五、六日するとまた山の温泉につかるために、知人たちといっしょにひきかえし優婆堂《うばどう》にとまっています。このときは宇曽利湖で舟遊びをしたりしてめずらしく二十日あまりをゆっくりしました。

そのうちのある日、なかまがなぐさみに琴をひくと、地獄めぐりにやってきた人たちがたちどまり、それを聞いていきます。そのなかに宮古（岩手県宮古市）あたりからきた人形まわしのような女性がいました。となりのへやには越中国（富山県）礪波《となみ》郡の人がふたり寝起きしていました。ここにいるあいだに、去年オロシア人（ロシア人のこと）が北海道の根室《ねむろ》に来たことを聞きました。

六月二十三日は山の地蔵会《え》です。おまいりにくる人のために、きのうから仮小屋《かりごや》がつくられ、ひるごろからちかくの村々の人が多く集まってきました。よその国の人も大ぜいいます。それぞれかねをうち、すずをふり、「なむあみだぶつ」をとなえます。人々は卒塔婆や、そのほかの塚の前に棚をつくり、草花でかざって水をそなえます。手にはお堂より六文の銭でうけた柾仏《まさぼとけ》と書いた杉板をもって、なくなった近親者の魂をよぶのです。親、妻、子と、この世にかえってきた魂と話をし、なきさけぶ声、ねんぶつの声が山にこだまするほどです。卒塔婆に水をそそぐ女、賽の河原に石を積む女もいます。お山に夕暮れがせまると、たくさんの人が霊場をまわりあるきながら、口々になくなった人と話し、あるいはののしります。優婆堂、食堂、尊宿寮、仮小屋にいたるまでおまいりの人があふれて、ねるところのない人もありました。

二十四日の明けがたは、また人々がでて、延命菩薩《えんみょう》にとなえごとをします。

「死の世界のくるしみをとりのぞき、たのしさをあたえたまえ。」

手にしたじゅずをもみ、それをひたいにあててぼうしの落ちるのもしらず、なくなったわが子、わが孫の名をよんでないていました。

夜が明けるとさらに大ぜいの人たちが起きでてきます。円通寺のお坊さんが払子《ほっす》をもって霊場の方々をまわり、お経をあげ、魂棚《たまだな》のところにくると、そこに人が集まりました。

真澄が四回めに恐山にのぼったのは、寛政六年（一七九四）の二月で、雪のふるさなかでした。やはり菩提寺にとまりましたが、多くの庵《いおり》も雪にうずもれ、岩のあいだからでる湯けむりも雪にかき消されるほどでした。

まえの夏、湖上で小舟にのり、いかだあそびをした宇曾利湖は、いまはこおって、その上をそりでゆけるようになっていました。真澄がそりにのって一里（約四キロメートル）ばかりいきますと、そのとちゅうところどころにあぶないところがありました。湖上に危険のしるしとして木の枝がさしてあり、そこには湯のわくふちがあって、ゆげがたちのぼっているのです。

湖の半分ほどもいくと、むこう岸から山の木をきる山子《やまこ》（杣人《そまびと》）がこちらにむかってきました。山子は雪ぼうしの上にかさをかぶり、足にはかんじきをつけていました。真澄は山子の生活を知るために、その山子に案内をたのみ、あとについて山の道をはいっていきました。とある山かげに、大きな山小屋があって、そのわきに鳥居が上の笠木だけを出して雪にうもれていました。そこは大山祇《おおやまつみ》の神をまつっています。

杣人たちは、大小のヒノキを夏より秋にかけてきります。それをはこびだすためにヒノキの枝をきって道にしき、その上に山ぞりを走らせるということでした。山の尾根からみね、みねから谷とつづく道をいくと、日がうららかに照って、シジュウカラ、テラツツキなどの小鳥が鳴いています。この雪が消えると、白鳥、カモなどがやってくる、と案内の杣人はいいました。

　つぎの山小屋でひと休みして出かけると、男がそりをひいているのに出会いました。見ると宮木《みやぎ》を六十本も積んだ重い車です。それを牛の皮でつくったつなを肩にかけて、男がひとりでまえかがみになってひいています。もうひとりの男が、そりの先へ先へとまわって、ヒノキの枝をしいて道をつくっていました。坂であればとぶようにはやくくだります。道の下から、高い岩根を雪をとばしておりてくるそりを見ていると、それがはやぶさとよばれているのがなるほどとうなずけます。

　雪のなかにひとすじのけむりをたてて見える山小屋は、そりひきのかまば（作業小屋）です。ここで大鍋に湯をわかし、わっぱという弁当箱のめしを湯づけにして食べます。おかずはわっぱみそといって、木をあつくそいだものにみそをたくさんぬりつけて、これを火にあぶり、はしでとってなめるのです。そりひきは一日に二升めし（ふつうの人の四倍ぐらい）を食うといいますが、これはそのような力仕事をするのには必要だからです。

　ふたたび雪の下にある杣小屋にはいって、いろりのそばで休みました。そこで真澄が、

「今夜はここにとめていただきたい。」

というと、杣の頭《かしら》は、

「おやすいごようだ。」

といって、山衣《やまごろも》をきた男に食事の用意を命じました。男はめしができると、きれいな折《おり》杓子《じゃくし》というものに汁をいれ、山おぼんにのせてもってきました。

やがて雨もりがするような音がするので、真澄は、雨になったかな、と思いました。じつはそれは、屋根が木の皮でふいてあり、下でいろりの火を強くたくので、屋根の上の雪がとけてもってきたのでした。家のなかのすみずみには柱のようなつららが何本もさがっていました。寒くつめたい山中ながら、人が住めばけっこうこれもよい家だと思いました。夜がふけると、杣人たちのぬいだ麻のきものをよせあつめて床をつくってもらい、木の皮でつくったみのをたたんでまくらにして眠りました。夜はずっと、大きな火をたいていたので寒くは感じませんでした。

あくる朝、杣人たちは神さまにおそなえものをするのに拍子木《ひょうしぎ》をうっておがんでいました。ここの山では、十二月十二日は山の神祭りといって、木の皮やわらであんで皿をつくり、いろいろなものをこれにもって山の神さまにおそなえするといいます。かえりの弁当にといってふたりの男が、木をくったうすにみそとめしをいれて細いきねでついてもちにして、これを火にくべて焼いてくれました。これをたっぱ焼きといいます。

かえり道に、モモ、スモモの林がありました。ウメの花も一、二本さいていますが、むかしはここに人家もあったのでしょうと、案内の男がいいました。なおいくと、林のなかに女のうた声が聞こえてきました。こつん、こつんというおのをうつ音も聞こえます。これは春木きりといって、まきをきっているのでした。

こうして真澄は田名部《たなぶ》の町へかえってきました。

7　みちのくの牧

真澄が、むかしの尾駮《おぶち》の牧《まき》のあとを見たら故郷にかえる、といって多くの友人から送別の歌や詩をもらって、田名部の町をたったのは寛政五年（一七九三）十二月の寒い日でした。四回めの恐山登山のまえのことです。

田名部をでて、その日は砂子《すなご》又《また》（下北郡東通《ひがしどおり》村）の小家にとまりました。そこのおとしよりは菅《すげ》のむしろをおり、せば布をおっていました。夜なべ仕事には、男はなわをない、女は麻の糸をうんでいます。としおいた女が、

「ご両親はおありですか。ご両親があるのなら、はやく郷里におかえりなさい。」

と真澄にいいました。

「わたしの子も何人かいます。けれどもみなこのあたりの山に杣として木をきりにいっているのです。寒い日にはどうしているかと心配し、はやくむすこたちにあいたいと、いつも思っています。あなたの親ごさんもおなじ思いでしょう。」

真澄は、はやくからふるさとをはなれて、きょうまでずっと旅ですごしてきました。そのため親に孝養をつくすことができないのがくやまれました。

大雪のためにあくる日は出発できませんでした。真澄は出発しようとしたのですが、宿のおとしよりがきて、

「この雪にでていくとこごえ死んでしまいます。こんばんもたき火にあたり、菅《すげ》むしろをしいてねなさい。明けたら、じゅうぶんなしたくをしておいでなさい。これからの道はよくないから、牛の背にのり、気をつけていくがよろしい。」

といわれたからです。

あくる日は雪の山道を、いくつかの峠をこえてすすみました。炭をやくけむりを見、山々の峰や尾根から白い糸をひいたように見えるのはシカの通った道で、そういうものを見ながら、左京沼《さきょうぬま》、荒沼《あれぬま》のほとりから小田野沢《おだのさわ》に出ました。ここは西は山がつらなり、東は太平洋の荒波がおしよせ、磯辺に十字の道しるべが立っていました。これはふぶきに方向を見失わないためのしるしです。と思うまに強い風がふいてきて、ちかくの磯山も見えなくなりました。ふぶきがみのをつきさすようにはげしくふきつけてきます。ようやく大井の磯のとまやにたどりつくと、そこに宿をきめました。

そこでひとりのおとしよりがむしろをおっていました。そのおとしよりが、暗くなると、ヒノキの皮をくだいたものを灯心にして、ほしダラの油に火をともしました。

あくる日は坂の多い山道を、牛にのり、白糠《しらぬか》（下北郡東通《ひがしどおり》村）につきました。家々が浜のいちだん高いところにならんでいます。ここからは道はさらにわるくなり、次左衛門《じざえもん》ころばしとか、岩石《がんせき》おとしとかいう難所があります。水の流れがこおって、氷をはりわたしたようなところでは、玉のような汗をだしてくだらねばなりませんでした。こうしたところも、牛追いは牛をつれてとおります。みのの下から菅のふくろをだし、その中にはいっている灰をとりだして、氷の坂にまきながらくだるのです。そしてとび口で氷をうちくだいて足場をつくり、数頭の牛をじゅんに追いおろします。この日は泊《とまり》の浦の村長の家にとまりました。

つぎの日も雪やあられがふり、ゆくさきが思いやられます。人のぬいだ皮のころもをかり、それをきて馬にのりました。ころものたけが長くて、すそが馬の足首までとどくほどあります。しかしこのおかげで寒くは感じませんでした。ふぶきはとてもはげしくて、人も馬も目をあけていることができません。あまり無理な旅もできないので、二里きただけで出戸《でと》村にとまることにしました。家の人はなわをない、むしろをおっていました。夜になっても風がはげしくて、アシのすだれと雪がこいがしてあっても、家のふすまから雪がふきこんで眠ることができませんでした。

くる日もくる日もふぶきがはげしく、家の外に出ることができません。いろりのそばで、この家の主人といろいろ話をしました。主人は尾駮《おぶち》の牧《まき》の伝説を話してくれました。

「ここから南西にあたって高牧《たかまき》というところがあります。山のすそがなだらかで、ほとりに水が流れ、しかも木立がふかくて、それが自然の垣《かき》となっておりました。その中の原っぱになったところにむかしの牧があったのです。そこで産まれた、しっぽの毛の色がまだら（ぶち）になった馬を、ときの天皇にさしあげたことがありました。そこで、これを尾駮の駒といい、この牧を尾駮の牧というようになったのです。

しかしこの高牧がいつかあれはてたので、馬は外に出て草や水のあるほうにうつって牧をつくりました。そして尾駮と室《むろ》の窪《くぼ》村のあいだの相《あい》の野というところがあたらしく牧となりました。しかしここもうつって、また西南にあたる野辺《のへ》地《じ》にちかい有戸《ありと》が牧となったのです。いつも冬がくると、牧のちかくの村々の家の中のうまやに、馬をつないで飼います。三月の末、雪もすこしとけだして、若草がもえでるようになると、ふたたび馬を牧にはなすのです。

いつのことか、この出戸村に、大馬があらわれて、牧の馬を食べたり、人を追ったりしたことがありました。この馬は弓で射《い》殺されましたが、ずっとたってから、ある身分の高い人のおおせで使者がやってきて、その馬をうめた七鞍《ななくら》の塚をほって、背骨と思われる二尺（約七十センチ）の骨を持ちかえったということです。」

真澄はふたたび牛にのり、出戸村をあとにして老部《おいつべ》川をすぎると、やがて烏帽子《えぼし》山が見えてきました。

「烏帽子山の高砂《たかさご》の下のほうに岡のようになって、雪もふかくなく、枯草の色がかすかにあらわれているところがあるでしょう。あれが尾駮の牧のあとです。」

道で会った人が指さして教えてくれました。

「それでは、さっそくそのあたりまで道をわけてゆこう。」

と真澄がいいますと、

「雪がふかくてとてもいくことはできませんよ。よしいったとしても、なにがあるかわからないし、また道をまちがえてとんでもない方向にいけば、山中の雪の中で、いのちをおとすようになるかもしれません。春のくるのをおまちなさい。そしてもういちど見にきてはいかがですか。」

とその人はいいました。

尾駮沼は大きな湖で、東がわが荒海につづいています。だから朝夕に潮《しお》がみちてくるときは、いろいろなさかなが湖にはいってきます。冬のなかばからは、ニシンが多く、それをとるために、水中に小さい草ぶきの網小屋が二十ばかりならんでいます。それをまてといいますが、その屋根に雪のふりかかったところはなかなかいいながめです。このまて小屋の前であみをおろしてさかなをとるのです。

尾駮村はその日、えびすの年越《としこし》という漁民の祭りでした。このころは、雪で湖の入り口がこおり、潮がはいってこなくなります。したがって漁民たちは漁を休んでいるとのことでした。村長の老人はよく日、雨まじりの雪になるからといって、真澄をひきとめ、きのう聞いた尾駮の牧の物語をはじめました。みちのくの尾駮の駒は和歌の題材であり、真澄はこの十年ばかり心にかけていました。いまその近くまでやってきたのですから、なによりもうれしかったのでした。

ここから室の窪をへて有戸《ありと》にいき、野辺地の港にいく道があります。しかし、雪がふかく積もってとてもゆけぬ、と人がいうので、真澄はもときた道を牛にのり田名部にかえることにきめました。湖のほとりにでると、岸辺にはった氷をおののようなものでうちくだいて小舟を出しています。あみ小屋の屋根をつくろうために、かやをつんだそりが氷の上をひかれていきました。

かえり道、滝の明神《みょうじん》前のこおった道をいくとちゅう、真澄ののっていた牛がひづめをいためてあるけなくなりました。

「このままでは牛が死んでしまう。」

と牛追いがいうので、真澄は牛の背からおりました。そしてどうやら牛をそのこおった道から引き出し、泊の浦までつきました。真澄はここで雪にふりこめられて四日ほど滞在しました。

つぎの日はむずかしい陸路をさけて、船頭をふたりやとい、船で白糠《しらぬか》にわたりました。海上にはアワビ、タコをほこでつく漁船、マスをとる網船がいました。白糠からは雪にはばまれながら老部までいき、宿につきました。

下北半島と真澄の足跡

この日は山の神祭りの日でした。どぶろくと洗い米を神にそなえて、家ごとにマスのなますをこしらえて祝います。この日はだれも山にはいらず、シバの枝一本でもとってはならないとされています。明けて朝早く家を出て小田野沢《おだのさわ》から砂子又《すなごまた》にゆき、そこで一晩とまりました。青平《あおだいら》では、あまりの寒さに村長の家により、からだをあたためて、馬にのって野原をゆきました。それでも、あられまじりの風がかさやたもとをとおして、身ぶるいがやみませんでした。馬もいななき、休みがちで、暗くなって、十九日めに田名部の友人の家にかえりつきました。

　真澄はべつの書物に、みちのくの牧は九牧あると書いています。これは三戸《さんのへ》の住谷《すみたに》・相内《あいうち》の牧、五戸《ごのへ》の木崎《きざき》・又重《またしげ》の牧、野辺地の有戸の牧、野田の北野・御崎《みさき》の牧、田名部の大間・奥戸《おこつぺ》の牧をいい、真澄は大間の牧を絵にかいています。これをみると柵のなかで馬が遊んでおり、さらにその中に牧守《まきもり》の家と野とり（野馬を追いこんでとらえる）のもうひとつの柵が見えます。

　大間や奥戸の牧は、一年じゅう放牧をしていました。ただし一歳馬だけは牧で野とりをして家のうまやで飼いました。このふたつの牧はともに下北半島の北のはしにあって、冬はとくに西北の風が強く、寒さがきびしくて、野馬の死ぬことが多かったようです。また山奥から出てくるオオカミに、馬が食い殺されることもありました。そこで冬には馬を農家にあずけることにしたのです。しかしそれでは農家の仕事が多くなってたいへんなので、これをやめて、また一年じゅう、馬をはなしがいにすることにしたのです。ただ冬のあいだに馬が死んだり、オオカミに食われないようにくふうしました。それはササのよくしげる場所に、大きな雑木《ぞうき》をきりたおしておくのです。二、三年して、くさった大木のはしに火をつけておくと、馬はここに集まり、これで寒さをふせぎ、そのまわりをまわりながら、ササの葉を食べて冬をすごします。

こうして大間、奥戸の馬は、からだは小さいが、脚が強く、寒さとそまつなえさにたえるので有名な南部馬《なんぶうま》となりました。そして古い尾駮の牧の伝統をもちつたえているのでしょう。

8　氷の上でさかなをとる

文化七年（一八一〇）、真澄は五十七歳の正月を谷地中《やちなか》（秋田県南秋田郡）でおくっていました。その十八日、今戸《いまと》の浦よりくだって八郎潟《はちろうがた》の氷わたりをこころみています。どこがたんぼなのか湖上なのか、見わけのつかない氷の上の白雪をふんでいくと、ところどころ氷がやぶれて、下に水の見えるところがあります。これをあみひきのあとといいます。天王《てんのう》の浦から今戸は四里（約十六キロ）の道のりですが、氷の上ならばまわり道をしないですみます。だから人も馬も、寒《かん》にはいり八郎潟がこおりつくのをまって、この氷の道をわたるのです。五城目《ごじょうめ》に月に六度の市がたつと、湖の上の雪をふみならしてこの道をいきます。

三年まえの冬の夜のこと、市もどりの炭だわらをつんだ馬が一行におくれ、その馬をひいていた人はふぶきのために方向を見失いました。やむなく湖の沖で夜を明かそうと思ったとき、ちょうど道をまよった人のよぶ声を聞きつけ、おたがいによびかわして道づれとなりました。しかしふたりは寒さにたえきれず、このままではこごえ死ぬほかはないと、荷物をおおっていたこもをはずして火をつけ、これを馬に積んでいた炭にうつしました。三、四ひょうの炭があかあかとおこると、あたたかくいい気持ちになって眠くなりましたが、そのうち夜が明けました。これだけ火をたいても、厚い氷はあまりとけず、いのちが助かったのです。

八郎潟では冬のあいだ湖がこおっていても、漁民たちはさかなをとります。厚い氷に穴をあけ、あみで氷の下のさかなをとるのです。どのようにしてそんなことができるのかお話しましょう。

そのやり方は、まず手力《てりき》という舟のかいのようなすきをもって氷をうちくだいて、大きな穴（落とし穴、あるいはごみ穴）をほります。この大穴を出発点として、大きなだ円形をえがくように、小さい穴を十ひろ（約二十メートル）おきにおよそ八十から九十ほります。これをしが切りといいます。出発点の大穴の広さは一辺が四尺（一尺は約三十センチ）ばかりの正方形で、あみはここから入れます。あみをひきあげる穴は、あわせ穴といい、たてが三、四尺、よこ二尺あまりで、そのあいだの小さい穴を小手穴《こてあな》といいます。

つぎに落とし穴にあみを入れるには、ウキのついたあみづなのさきをつきざおにひっかけ、さおを小手穴から入れます。これをさらにつぎの小手穴から、小鉤《こかぎ》というさきが鉤形になったかけざおでひきあげるのです。これを出発点から右まわりと左まわりと同時にひきあげ、くり返してあわせ穴から両方のあみをひきあげます。

このあみひきは、ふつう七人でやりますが、八人でひくところもありますが、七人のうち六人を網子《あご》といい、いまひとりを村君《むらぎみ》といいます。漁師はアシの穂笠《ほがさ》をかぶり、海菅《うみすげ》という草であんだかたきらをきて、わらと海菅をあみまぜた腰みのをつけ、雪ぐつをはいてあみをひきます。あみは一日に七、八回ひきます。

とれるさかなは、赤フナ（秋のモミジブナ）、マガモブナ、カモノコのほか、ボラ、タカノハというカレイ、チカというワカサギに似たものなどです。

このほかさしあみ、さであみ、はえなわとよばれるさかなのとり方もあります。さしあみは氷の下をひくひきあみとはちがって、きまった場所にあみをかけておきます。さであみは氷に大きな穴をほって、その下のさかなをすくってとります。はえなわは十六ひろのみきなわ（中心となるなわ）に何本かのえだなわ（三十センチの細糸）がつき、そのさきに針をつけます。えさは小エビをつかい、カレイをつります。これは四つのくり穴をとおしてその両はしの糸をもち、ある時間がたってからひきあげるものです。

この氷の下をひくひきあみは、寛政六年（一七九四）に、秋田城下上肴《かみさかな》町の高桑与《たかくわよ》四郎《しろう》という人が、信州（長野県）の諏訪湖にいき、そこでやっている方法をまなんでかえり、これを八郎潟にうつしたものです。そしてわずか十年のちの文化元年（一八〇四）に、すでにあみの数が五十あまりをかぞえるまでになっていますから、それがいかにはやくひろまったかがわかります。そして、それまではそのようなさかなのとり方は八郎潟にはなかったのです。その点では諏訪湖のほうがずっとすすんでいたことになります。諏訪湖ではあみをひく人の数も四十八人とずっと多くなっていますが、ただそのあみひきは年に数回おこなわれるにすぎません。八郎潟では一日に七、八回もあみをひきますし、あみの数もふえています。この方法をとりいれてからは八郎潟の漁業はひじようにすすんだといえます。この方法がはいってくるまでは、さしあみやはえなわが中心でした。

このあみひきを遠くからながめていると、ところどころに、ほった穴から水があふれて流れているのが見られます。これは氷の下に流れがあるためにおこるのです。この流れによって、カモ、白鳥、ツグミなどが八郎潟にやってきます。こうした浦山のながめはとてもすばらしいものでした。

正月二日は、湖の岸の漁師たちが八郎祭りをします、湖の沖にいき、氷の上に御幣《ごへい》を立て、シバなどをそなえ、神酒《みき》を氷の上にそそぎ、八郎潟の神さまにたてまつるのです。漁師たちも家では酒をのみ、この日は漁を休みます。

さて、真澄は氷の上ではえなわでカレイをつるのを見ていました。なわをのべ、またそれをたぐりよせるわざに見とれていると、しばらくして、空中に人がゆき、ひしめきあっているのに気がつきました。今戸の浦から森山のふもと、さらにそのさきまでうちつづいているのです。すると網子たちが、

「狐楯《きつねだて》だ！　あれを見ろ。」

といいました。しんきろうなのです。すこしたつと空中をゆく人たちはみなかき消えて

しまい、こんどは雪の中をそりでたんぼに堆肥などをはこぶ人たちのむれにかわり、それがまた消えてしまいました。真澄は、しんきろうでは市場が見えるというが、これが山の市、海の市というものかと思いました。

こうして真澄が湖のあみひきをあちこちで見てあるいていると、また狐館《きつねやかた》があらわれました。こんどは竜《りゅう》のむれのようです。あるものは牛や馬がふせているように見え、男や女が集まり、家のたちならんでいるのが見えていましたが、やがてみな松林となってしまいました。ある山の男が、

「山から風がきて、海上のしけが近づくのではないかと思うときなどにしんきろうはたつ。」

といっています。そしてさらに、

「きょうも南の風がおさまって冬にしてはあたたかいが、近いうちに雨になるのではあるまいか。」

といいました。

真澄は日のかたむくまであるいて、男鹿《おが》半島のちかくまできてしまいました。きょうはそれぞれちがったあみひきのようすを見、しんきろうのたつのも見て一日たのしかった、と思っていると、雷の音が遠くに聞こえて、さっと雨がふってきました。

あくる日も湖の岸辺のところどころで氷の下をひくひきあみを見てあるき、鯉川《こいかわ》の漁師の家にとまりました。その漁師は、夜はずっとさしあみを家のはりや柱にわたしてか

わかし、あくる日の漁の用意をし、妻は麻糸をうんでいました。

9 『花の出羽路』にうちこむ

真澄は三十歳のとき、なんのために旅にでるのかを日記に書きました。それは日本じゅうの古い神社をおがんでまわりたいということでした。それからあとの日記にも、古い神社やお寺をたずね、めずらしい風物を見物し、それを絵や和歌にし、故郷にかえったら親や兄弟に話して聞かそう、と書いています。しかし、真澄の旅の一生を見ていますと、はじめから、ふたたび故郷にはかえるまい、とかたい決意をしていたことがわかります。

真澄の旅日記は、現在みなさんがつける日記とはちがって、最初から人に見せるために書かれました。世話になった人にかしたり、またこれをうつして人におくったりしています。日記の中に和歌の多いのは、歌のやりとりがそのころの文化人の交際のしかたでもあったからでした。それから真澄は日記を書きあらためることもしています。そして古い日記は、そこに書いてある土地にのこしていったようです。だから、郷里のことや、自分の生活についてはあまり書いていません。これは旅日記だからで、旅日記は旅をして、なにを見たりきいたりしたかを書くものです。

一生をかけてみちのくをまわり、そこの農村の生活をくわしく見ること、それが真澄が旅にでるときの決心ではなかったかと思います。その決心の強さがぼうけんとも、むぼうとも思われる旅をさせました。まえにお話した尾駁の牧への紀行はそれをものがたっているでしょう。風流をもとめる旅人ならばそうはしません。やはり真澄の、あるものにかけた情熱のはげしさがうかがわれます。そして毎日、見たり聞いたりしたことをくわしく記録しました。

真澄が旅をしていた五十年は、日本の国学がもっともさかんなときでした。そのあいだに刊行された『古事記伝』など国学に関係のある書物、そのほか文学や考古の書物を、真澄はいつのまにか読んでいます。地方にも学問のすきな人がいて、こうした人との交際から、書物をかりて読んだものと思われます。このような読書をとおして、真澄は自分があるいたそれぞれの地方の民俗（人々の生活のようす、習慣などのこと）とくらべ、それがどのようにちがい、またおなじなのかを研究した本を書くこともこころがけていました。真澄が地方の文化人のあいだから知識をまなびとったのはもちろんですが、真澄も自分の学問と広い見聞を、地方から地方へ文化をはこぶ人、また生活の指導者としての役わりをじゅうぶんはたしました。

真澄が秋田に永住しようときめたのは、文化十年（一八一三）のことで、その年、秋田藩より出羽六郡の地誌をつくることを命じられました。真澄にはこれまでの旅行による見聞記だけではものたらず、これを一地方の地誌としてまとめたいと思っていました。そのためには生活の足場もきめなくてはなりませんので、真澄は秋田に永住しようとしたのです。

真澄が秋田へおちついたについてはもう一つわけがあったようです。秋田にはりっぱな国学者がたくさんおり、殿さまもなかなかの文化人で、そういう人にとりかこまれ、学問もあり、世間のこともよく知っている真澄は、秋田ではみんなに尊敬されていました。だから居ごこちがたいへんよかったようです。

そのうえ、いろいろの薬をつくって売り、病人があれば見てやったりしたことが、自分でつくった本の表紙のうらばりの紙などに書かれていて、秋田地方では薬屋として、また医者としてもてなされたものでもありましょう。医者はそのころ、頭をそって坊主頭にしていました。真澄も自分が医者であることを示すために頭をそり、頭が寒いので頭巾をかぶるようになったと思われます。そして、そういう教養や技術が身についていたので、金ももたずに旅ができたのです。近藤富蔵がふすまのはりかえなどして旅をしたり、松浦武四郎がてん刻をしながら旅をしたのと共通しています。そういう技術をもった人はどこへいっても歓迎されたのです。それはいまでもおなじことで、技術や知識や学問をもった人がたずねて来てくれることを、地方の人はまちのぞんでいるのです。真澄は地方の人のほしがるものをみんな持っていました。

さて秋田藩による地誌編さんのまえに、真澄は津軽藩で地誌をつくったのではないかといわれています。寛政九年（一七九七）の夏から、真澄は津軽藩の薬物掛《やくぶつがかり》となりました。薬草をつむために藩内の山々をくまなくあるきまわり、つんできた薬草を弘前《ひろさき》の薬草園にうえる仕事をしました。それが一年半ですむと、それからさらに一年半ほど弘前で、津軽の地誌の仕事にとりかかったといいます。しかし当時は地誌編さんにはむずかしい条件がありました。それはききんの年に津止《つど》めをしたように、とくに藩内でとれる品物などをよその藩に知らせることは、藩の立場からは禁じなければならなかったからです。

ところが、真澄のように自分の目でたしかめたことをまとめようとすると、とうぜん藩の産物などについて多く書くようになります。たとえば、鉱山のようすなどがくわしく書かれていたとなると、それは藩としてはよその藩に知られたくないことなので、その書物を他国にもちだすことはきわめてむずかしかったのです。そうした理由で、津軽で書いた三巻の書物は藩にとりあげられ、ついに陽の目をみないことになったのでした。

真澄が、秋田に住むようになったのは、文化八年（一八一一）の夏からです。那珂通《なかみち》博《ひろ》や殿さまにあい、そのとき、秋田の地誌編さんの相談がされたようですが、真澄は津軽での失敗をくりかえさぬように、しんちょうにことをはこびました。

六十歳の真澄は文化十年（一八一三）の春、雪の消えるのをまって地誌調査のために村まわりをはじめました。そしてこれを月雪花の三部作にまとめることにし、それから死ぬまでの十六年間をそのためにささげました。しかし『花の出羽路《でわじ》』はついに完成しませんでした。

文政五年（一八二二）の十二月、真澄は人にすすめられて、これまで書いた日記類をほとんどぜんぶ、秋田藩の学校明徳館に寄付しました。日記三十五さつと図絵十二さつですが、そのためこれらは完全なかたちで今日にのこりました。

　真澄は文政十二年（一八二九）六月、七十六歳のとき、仙北《せんぼく》郡神代《じんだい》村（田沢湖《たざわこ》町）で病気にかかり、角館《かくのだて》の神明社鈴木家にうつりましたが、七月十九日、ここでなくなりました。なきがらは秋田城下にはこばれ、神職である鎌田家の墓地にほうむられました。墓には、

「三河の国より、雲はなれてここにきたり、夕星のかがやくように、年あまねく旅のまなびを……」

と鳥屋《とりや》長秋《ながあき》がしるしています。いずれも真澄が秋田で、こころからのまじわりをもった人たちで、真澄はかれらに最期を見とられました。

笹森儀助

北は千島、南は琉球・台湾までつぶさにあるいて民情を明らかにし、多くの記録をのこした。のち奄美大島島司として島の開発につくす。

1　幕末の世に生まれて

奥羽地方も北のはずれ、陸奥国《むつのくに》弘前在府町（いまの青森県弘前市）の笹森《ささもり》家に、弘化二年（一八四五）、ひとりの男の子が生まれました。名まえは儀助《ぎすけ》。おとうさんは重吉といって、弘前藩の御目付役《おめつけやく》という役目の武士でした。

重吉は正義感のつよい武士で、殿さまの信用もあつく、重く用いられていましたが、儀助が十三歳のときになくなりました。儀助は父にかわって、小姓（殿さまのお供をする少年）組のひとりとして藩主につかえることになりました。

儀助はおさないときにはたいへんからだが弱く、いつも病気がちでしたので、おかあさんはひじょうに苦労したといわれています。そのおかあさんも、儀助が十九歳のときになくなってしまいました。

儀助が生まれ、育った時代は、長くつづいた徳川時代も終わりに近いころで、江戸

（いまの東京）や京都では、天皇の権威をとりもどそうとする勤王党の勢いがだんだん
強くなって、徳川幕府とのあいだにあらそいがおこっておりました。地方の藩でも、徳
川幕府をたおして天皇のおさめる世のなかにしようという考えをもつ人たちと、徳川将
軍の味方をする人たちとがあって、意見が対立し、世のなかはさわがしくなりはじめて
いました。
海の向こうからは外国の軍艦がしきりに日本の近海にやってきて、港をひらいて貿易
することをもとめ、あるものは武力で日本をおさえつけようとする気配もみえるといっ
た、日本の国にとっては大きなかわりめの時代でした。

儀助のつかえた弘前藩は青森県の津軽地方をおさめていました。津軽は、将軍のいる
江戸からも、天皇の住んでおられた京都からも遠くはなれており、そういうさわがしさ
からは距離的にはかなりへだたっていましたが、それでも、北の海からオロシア（ロシ
ア、いまのソ連のこと）の船がたびたびあらわれて、日本と交際したいと申し入れてき
ているといううわさもつたわり、世のなかのさわがしい動きからまったくへだてられて
いることはゆるされなかったのです。

儀助は十五歳の年から二十二歳まで、山田登という人について、武芸の修行をしまし
た。

山田登という先生は、剣術の一刀流の先生でしたが、ただ若い人たちに剣のつかいか
たを教えただけでなく、精神のうえでも大きな影響をあたえた人でした。かれは、国を

うれえるこころのつよい武士でした。自分で正しいと思ったことは、どこまでもつらぬきとおすという実行力をもち、殿さまにでも、上役にでも、どしどし意見をいい、それがいれられなければ、京都にまでいって、朝廷に自分の考えを申しのべようかというような、一本気な人でした。だから、上役たちの気にいられず、たびたびきついおしかりをうけましたが、それだけ儀助たち若い者には、大きな感化をあたえたものでした。

笹森儀助がのちに、千島列島や、沖縄、奄美大島、さらに台湾、朝鮮などをあるきまわって、旅に一生をおくるようになったのも、そのこころの底に、日本の国をよくするにはどうしたらよいかという、山田登にうえつけられた情熱が深く根をはっていたからでしょう。

儀助の旅するさきは、ふつうの人のいかないような土地がほとんどでしたから、いつも危険につきまとわれ、いのちもあやういような苦しいことばかりでした。けれども、かれはつねに、文化の光のささない地方をたんねんにあるきまわり、そこに苦労しながら住んでいる人たちのありさまをよく見、また苦しみながら努力して生きている人たちと話し合って、なんとかもっと暮らしをよくする方法はないものかと考えました。

このように、地方の貧しい、めぐまれない人たちのために、なんとかして自分が役だちたい、そうして、日本をもっとりっぱな国にしたいという考え方は、父重吉の正義感を身にうけ、先生の山田登の感化でさらに大きく育てあげられたものと思われます。

さて、儀助は慶応三年（一八六七）、二十二歳で殿さまのおそばにつかえる近習役をつとめていました。そのころ山田登は、北の方からおそってくる外国に対する守りができておらず、また藩内の武力の準備がじゅうぶんでないから、おおいに改革しなければならないという意見書を殿さまにさしだしました。しかし、これは藩の秩序をみだすものとうけとられ、謹慎させられることになり、弟子の儀助もいっしょに謹慎を命ぜられ、家禄（給金）も三分の一に下げられることになりました。

謹慎というのは、殿さまにたいしてふつごうなことをしたというので課せられる罰で、家にとじこめられて、外に出ることはゆるされず、家族以外のものがたずねることもできませんでした。

それだけでなく、病気のときに医者をよぶこととか、衣服を着がえたり、火鉢を使ったりする日常の小さなことまで、いちいち役所にうかがいをたてて、そのさしずどおりにしなければならないのです。

このようにふべんな、苦しい毎日でしたが、儀助はもっぱらそのあいだに本を読み、教養を身につけることに努力したのでした。

儀助は子どものころは、稽古館《けいこかん》という藩の学校にかよい、十五歳から二十二歳までは山田登について武芸を修行しましたが、おとなになってからは工藤他山《くどうたざん》、葛西音弥《かさいおとや》などについて、小学、四書、史記、国史、資治通鑑《しじつがん》などの書物をおもに勉強しました。これらは、そのころの武士としてはふつうのもので、とくに儀助がふかく勉強したということではありません。それだけに、もっとふかく学びたいという気持ちが強かったのでしょう。

儀助の勉強は書物を読むことだけではなかったのです。ずっとのちになっても、かれはいつも大きな地図を壁にかけており、新聞をよく読んで時代の動きにつねに気をくばり、自分の疑問におもうこと、知りたいとおもう問題があると専門家にききました。その人が、自分の知っている人でも、またまったく会ったことのない人であっても、どこまでもたずねていって、なっとくするまで教えてもらうということを、年とってからでもつづけたということです。儀助にとっては毎日が勉強であり、一生が勉強であったということがいえます。

知識欲がたいへんさかんだったわけですが、そういう儀助の性格が、また、儀助を旅にさそいだすことにもなったのでしょう。

さて、儀助が謹慎を命ぜられて、ふべんで苦しくはありましたが、読書をし、人生を考えるという生活をおくっているうちに、世のなかは大きく変わりました。日本の政治のじっさいの権力を、三百年もの長いあいだにわたってにぎっていた徳川幕府がたおれ、天皇が直接政治を行なうようになったのです。これを明治維新といいます。近代国家としての日本はこの明治維新からはじまります。

明治三年（一八七〇）、儀助は長いあいだの謹慎がゆるされて、弘前藩庁の租税掛《そぜいがかり》となりました。二十六歳になっていました。

明治四年（一八七一）には藩制度がやめになって県になり、儀助は県庁の役人となって、明治十四年、三十七歳でやめるまで、役人として、産業をさかんにすることや、教育事業にちからをつくしました。最後は中津軽《なかつがる》郡の郡長となっていましたが、考えるところがあって辞職し、農牧社という牧場をなかまといっしょにはじめることになりました。

2　牧場の経営

儀助は明治維新ののちの日本のゆくべき方向は、産業をさかんにして、国をゆたかにすることだという信念をもっていました。そしてそのためには、つぎの世代をせおってたつ若い人たちの教育に、もっともちからをそそいで、かれらをそういう方向に向けていかなければいけないと考えていたのです。

そういう考えかたにたって青森県をみると、もっともっと自分が先にたってやらなければならない、それは役人として人に命令してやらせることではなく、自分がじっさいにおこなって、模範をしめさなければならないと思うようになりました。そのころの青森県、とくに津軽地方の農家のようすがどんなものであるか、ということを正しく知ったうえで、儀助はそう考えるようになったのです。

話はすこし、あとのことになりますが、明治二十三年（一八九〇）に、そのころ農務局長をしていた前田《まえだ》正名《まさな》の問いに、儀助はつぎのように答えています。

「弘前藩の時代には、この津軽地方はたいへん牧畜がさかんで、いつも百八十頭以上のすぐれた種牡馬を農家が飼っており、農業に使う馬をふやすようにはかっておりましたし、毎年幕府に馬をさしあげておりましたが、いまはその種馬が一ぴきもいなくなりました。

農家は馬を、田畑をたがやすのに使うばかりでなく、肥料をつくるために、飼っていたものですが、その数もたいへんへっております。これでは耕作にふべんなだけではなく、肥料がたりなくなって、収穫もおちることになります。そのために農家は貧しくなって、北海道などに出かせぎにゆくものが三万人にものぼっております。

また、山林もたいへん荒れてしまって、まえは碇《いかり》が関《せき》から秋田県とのさかいにある矢《や》立峠《たてとうげ》にゆくまでの五里（約二十キロ）ほどのあいだというものは、スギの大木がうっそうとしげっていて、昼でもくらいようなありさまでしたが、いまははげ山になってしまっております。これではたいへんなことになると、年よりたちは心配しておりますが、それはもっともなことです。

一部の人たちは、維新からのち、産業がすすんでいるといいますが、そうは考えられません。農業の技術ではいくらか進歩したといえますが、政治の面でもっとゆきとどいた配慮が必要であると考えます。」

そのころの青森県の状態は、まさにこの儀助の答えのとおりでした。それに加えて、藩がなくなって、生活のめどを失った武士が多くいましたが、そういう人たちに仕事をあたえて、安定した暮らしをさせることも必要でした。

儀助は自分とおなじ考えを持っている、県会議員の大道寺という人といっしょになって、むかし、弘前藩の牧場があった岩木山のふもとの常盤野《ときわの》という広い土地が荒れたままになっていたところを借り受けて、大農場をつくる計画をたてました。

その目的は、禄《ろく》（給金）を失った士族たちを百戸ぐらい、この農場にうつり住まわせ、牧畜、開こん、植林などの仕事をさせて、生活を安定させようというものでした。この農場は「農牧社」と名づけられました。

農牧社は明治十四年（一八八一）に設立されました。それまでのあいだに儀助は、下総（千葉県）の種畜場や、北海道の農場などにいって研究するとともに、農牧社の事業に協力してくれる若い人を、函館にある七重《しちのえ》農場に研究生として住みこませるなどして準備をすすめていました。

明治十五年の二月になって、政府から農牧社設立資金の補助として、一万八千円を貸しあたえるというしらせと、四百三十ヘクタールの牧場地を借りることのゆるしがありました。

儀助は東京に出て、農商務省にゆき、一万八千円の金を借りて、そのうち六千円で乳牛十頭と、農具などを買い入れ、宮内省、農商務省、松方正義《まつかたまさよし》大蔵大臣などから借りた種馬をつれてかえり、事業を本格的にはじめることになりました。

東京からあるいて青森まで、二十八日かかったといいます。

暑い夏の太陽が照りつけるなかを、牛や馬をひいてかえるのですから、それだけでもたいへんなことですのに、儀助はとちゅうで牧畜をやっている人があるときけば、かならずそこにたちよって、経営の方法などをたずね、大きな農場があるといえば見にいって研究するという努力をかさねたのでした。

この年は、はじめての年で、畜舎をつくり、牛馬を買い入れ、農具をそなえたというだけにとどまっていました。使った金は牛馬、農具の買い入れが六千四百円、飼料代が三千五百円でした。そして牛二十一頭、馬十九頭を飼っていました。

農牧社の牧場のある常盤野は、まわりが山林にかこまれたさびしいところで、ふだんでも交通はたいへんふべんです。そのうえ、冬から春にかけての六か月間は、雪が深いために、外とのゆききもできず、穴ごもりみたいな生活をしなければならないという、条件のわるいところでしたから、うつり住んでくる人をつのりましたが、だれも応ずるものがありませんでした。

儀助のはじめの計画は、移住者を百戸ぐらい入れて、開こんし、農業経営をおこなわせるというものでしたから、農牧社の事業はその点で大きな困難にであったことになります。

儀助は明治十七年（一八八四）の八月に、家族六人をつれて弘前市から牧場にうつってきました。人にすすめるには、まず自分が先にたって生活することが必要だと考えたからでした。

この年には、前年に開こんした畑四・四ヘクタールに、オオムギ、エンバク、ジャガイモ、ダイズ、アズキ、ダイコン、ソバなどをまきつけました。けれども、畑は新しくおこしたところですから、雑草がはびこり、天気も不順でしたので、作物のできはわるかったといいます。それでも、収穫のうちから十分の一は、とくにできのわるい年、つまり凶作のときのために、たくわえておきました。

牛馬は七十六頭にふえていましたが、このうち近くの農家にあずけていた牛馬のうち十二頭と、乳牛二頭、馬七頭を死なせてしまいました。この損害が千数百円と計算されていますが、まだ新しい農場にとってたいへんないたでした。

思いがけない災害などもあって、牧場の経営は、はじめの計画のようにスムーズにはすすみませんでした。それでも、明治十八年には、四戸の人たちが牧場にうつり住んできて、牧場で働く人数は男子、女子あわせて二十九名、開こんした畑は七・七ヘクタール、その畑からの収穫は雑穀で百俵以上、牛馬は九十一頭になるというように、すこしずつは発展していきました。

あけて明治十九年には、東京に牛乳販売のために出張所をつくることになり、副社長の儀助はその責任者として、東京出張所の経営にあたることになりました。

牧場から乳牛十頭、種牛一頭、馬一頭、合計十二頭をひいて東京にでてきて、芝区西《さい》応寺《おうじ》町六十番地に牛乳店をひらいたのは、七月一日のことでした。

青森の人で、東京に出張所をひらいているという人は、まったくありませんでしたし、そんなことを考える人すらなかった時代に、八百キロも遠くへだたった青森県のかたいなかから、日本一の大都会である東京にでて、競争のはげしい商売をやるのですから、たやすいことではありませんでした。

苦しいことやつらいことにであうたびに、儀助は、

「国のため、人のためになることにたいしては、いのちをおしんではなりませんよ。」

と、いつもさとしてくれていた、おかあさんのことばを思いだしては、勇気をふるいおこすのでした。

このとき儀助は四十二歳になっておりました。

このころのようすを、儀助といっしょに仕事をしていた柴田《しばた》長兵衛《ちょうべえ》は、つぎのようにいっています。

「東京出張所で働いていた人は、みんな津軽の人でしたから、お客さんからは方言がおかしいといってわらわれるし、わたしたちはわたしたちで、東京の人のことばがわからなくてたいへんこまりました。そのうちに近所の人は、この店のことを津軽屋とよぶようになりました。

ことばのよく通じない使用人をつかって、お客さんの応待から、飼料のとりあつかい、買い入れ、牛乳配達、またときには、乳牛の買い入れに近県をまわるなど、いっさいの仕事を責任者としてとりしきる儀助さんの苦労は、たいへんなものでした。朝は三時には起きておりましたし、夜はその日の整理、あくる日の準備で、ねるのは十一時、十二時でした。よくからだがつづくものと、感心もし、それにつられてわたしたちもいっし

ようけんめい働いたものでした。」

おとくいをふやすために、儀助は自分で牛乳をもって、農商務大臣の品川弥二郎《やじろう》、衆議院副議長の佐々木高行《たかゆき》などの知人や、有名人のところをたずねて、買ってくれるようにたのんだといいます。

社長や副社長というと、えらくなったつもりで人に命令だけして、自分が品物を売りあるいたり、仕入れにいったりということは、いやしい仕事のように考えてしない人が多いのですが、儀助はそうではなく、いつでも、どんな仕事でも、自分が先にたってやるのでした。三年間、東京の店で儀助は努力をし、その基礎をきずきました。

しかし、そうした無理がからだにこたえたのでしょうか、ふとしたことがもとで病気になり、三十日くらい病いの床につきました。病気がなおったときには、髪の毛がぜんぶしらがになってしまっていました。

明治二十二年（一八八九）に儀助は、農牧社の社長となりましたが、せっかくかれが苦心して基礎をつくった東京の店の使用人のひとりが、牛乳代金を持ちにげするということなどがあり、たいへん失望させられました。

常盤野の牧場も、はじめてから十年近くたったのですが、まだはじめに政府から借りた一万八千円を返すこともできないようなありさまで、それほど成果があがったとはいえませんでした。そこで、このお金を返す方法として、九十か年年賦、利引計算で返す方法を願い出てこれが許され、二十三年から毎年、千九百九十九円余を返すことになります。

牧場として借り受けていた四百三十ヘクタールの土地のはらいさげを受けるために、県に願い出ますが、これは許されませんでした。そればかりか、今まで借りていた土地の一部分がとりあげられるということになり、経営はたいへんむずかしくなりました。そのため儀助は、農牧社の事業から手を引くことになり、そのあと農牧社は会社組織から組合組織にかえて経営をつづけますが、収支があわず、はじめに儀助などが意図した、禄を失った士族に生活の道をあたえるという目的をはたすことはできませんでした。

このように、儀助がはじめに考えたようなかたちでの成功をみることはできませんでしたが、明治の十年から二十年代にかけて、農牧社のように規模の大きい牧場を経営し、畜産をおこなうという考え方は、じゅうぶんに高く評価されていいことだと思います。

3　貧乏旅行に出る

儀助は産業、とくに農業を発展させるために、自分たちが中心になって農牧社をつくり、実行するとともに、政治にも大きな期待をもっておりました。そのころは新聞をとる人など、一つの村にひとりかふたりしかいないという時代でしたが、儀助は自分でその新聞をとり、時代の動きを研究し、注目していました。

そして、明治二十三年（一八九〇）から開かれるようになった、帝国議会の開会中には、かかさず傍聴にいって、熱心に耳をかたむけ、そのあとは、知りあいの議員のだれかれに自分の意見をはなし、またそれらの人たちにたのまれて、いろいろの調査をしたりして、すこしでも国のために役にたつようにと努力していました。

儀助はそうして、めだたない努力をつづけていましたが、いろいろと政治家に近づいてみると、かれらは自分のため、自分の属している党派の勢力をつよくするためにはいっしょうけんめいになるが、国のためだとか、国民のためだとかを考えてやっている者はすくないのではないかと思うようになりました。

かれは、政治家をあてにしていたのでは、いつまでたっても、日本の国をよくすることはできないから、自分で各地をたずね、地方のじっさいの状態をよく知り、地方にいてしんけんに国のことを考えている人たちと話しあってみることが必要だと考えました。

そして、明治二十四年（一八九一）四月五日から六月十三日までの、約七十日間にわたって、旅をしました。

これが儀助が本格的にした第一回めの旅行で、かれ自身が「貧旅行《ひんりょこう》」とよんでいるものです。貧旅行の儀助のいでたちは、つつそでのきものにじんじんばしょり、腰に大きな手ぬぐい、背には大きなふろしきづつみをたすきがけにかけて、手にはこうもりがさを持ち、足には新しい革靴というかっこうでした。

儀助四十七歳の四月五日、東京をたち、横浜から駿河丸にのって出帆しました。まずはじめに伊勢の皇大神宮《こうたいじんぐう》におまいりし、三重県、奈良県、兵庫県、岡山県、広島県とまわり、さらに九州にわたって福岡県、熊本県、鹿児島県にゆき、大隅半島から宮崎県の細島港に出て、船で神戸に、それから大阪、京都、名古屋をへて、六月十三日の夕方に東京にかえりました。

こころのままにあるきまわったのですが、足のつづくかぎりはあるき、よほどつかれたときだけしか辻車（人力車）にのらなかったということです。そのころ辻車は、一里（約四キロ）のると三十五銭でしたが、それすら節約したのは、できるだけひろくあるき、多くの人にあって地方のじっさいのことを知りたいと思ったからでした。

みずから貧旅行とよぶように、あるきにあるいたものですから、出発するときに新調した革靴も底皮がやぶれてしまい、二度と使えないほどになってしまったということです。足は傷ついてうみが出るようになり、顔は日にやけてまっくろになり、きものは汗とほこりでみるもむざんなほどによごれ、シラミはえりについて、ふるえばぽろぽろこぼれるし、からだはあかだらけで、ちょっとかけばつめのあいだがまっくろになるというありさまで、ゆくさきざきの宿の女中からは乞食とまちがえられることもしょっちゅうでした。この旅のあいだに眼病に一回、かぜに三回かかったと儀助は『貧旅行之記《ひんりょこうのき》』に書いております。

七十日間におよぶ旅行で使った金は七十円ほどでした。酒をのんだのはわずかに七回、それもとちゅうで雨にあったりして、からだのぐあいがたいへんわるくなったときに、元気をつけるためにのんだものでした。

この旅の資金は十年もまえから毎月節約して、二十銭、三十銭とためたお金でしたから、とてもらくに旅をするほどのゆとりはありませんでした。また、たとえゆとりがあっても、らくに旅をしようという考えは、儀助にはなかったのです。

旅のはじめに伊勢の皇大神宮におまいりしたことはさきに書きましたが、この旅のあいだいたるところで神社やお寺におまいりしています。

神をうやまい、祖先のまつりごとをたいせつにした明治の人のこころが、よくあらわれています。そのほか、奈良県では御陵（天皇のお墓）にもできるだけおまいりしております。また各地方の、徳川幕府をたおして明治維新をなしとげるために身をすてて働いた、勤王家といわれる人たちのあとをたずねて、遺族の人にあい、国のためにつくした人のとうといはたらきに感謝の気持ちをささげました。またあるときは、草にうずもれた人の墓におまいりして、これらの人の働きにむくいることのすくない政治のありかたに、いきどおりの涙をこぼすこともありました。

儀助がもっとも尊敬していた人は、西郷隆盛でした。

この貧乏旅行で鹿児島についた儀助に、県の役人のひとりが、

「長い旅のことですから、なにかとふべんなこともあるでしょう。なんでもおっしゃっていただければ、できるだけのことはいたします。」

といいますと、儀助は、

「いやいや、貧乏旅行のことですから、なんののぞみもありません。わたしが鹿児島にきたのは、ただ南洲《なんしゅう》先生（西郷隆盛のこと）の墓におまいりしたいだけです。」

と答えています。

隆盛の墓におまいりし、遺族をたずね、そして各地で隆盛のことなどをきいております。なかでも西南《せいなん》の役《えき》で戦争にまきこまれた熊本、鹿児島、宮崎、大分の人たちが、家を焼かれ、財産をなくし、一万人以上の人がこの戦争のために死んでいるにもかかわらず、みんないちように西郷をうやまいしたって、うらむということはすこしもないありさまにこころうたれて、

「ほんとうにえらい人というのは、南洲先生のような人のことをいうのであろう。自分などはとてもおよびもしないことであるが、みならいたいものである。」

と『貧旅行之記』に書いています。

儀助のこの貧乏旅行の大きな目的は、各地の農業や畜産業のようすがどうなっているのか、かれが農牧社をつくったような士族に仕事をあたえる事業が、ほかの土地ではどのようにおこなわれているだろうか、というようなことをしらべることにありました。そこで、ゆくさきざきでいろんな人とあい、熱心に話をききました。

どんな人にあっているか、一つ二つの例をあげてみましょう。

四月二十三日、岡山で中川横太郎という人にあいました。

そのとき中川横太郎は、五十六歳になっていましたが、ずっと畜産にちからをいれてきて、成功していました。そのかたわら教育にたいへん熱心で、付近の人たちから教育きちがいといわれるほどで、三つの学校を自分のちからでつくっていました。ところが

自分は、五十五歳になるまで読み書きがまったくできなかったといいます。五十五歳のときにこれではいけないと考えて、友人にひらがなの手本をつくってもらい、ひまさえあれば勉強して、儀助があったときには、ひととおりの読み書きができるようになっていました。

何年かまえに高知県の人が三人、中川をたずねてきました。夏の暑いときで、中川ははだかで仕事をしていたのですが、そのままのすがたで出てきて応待していました。しかし、あいてがつまらない議論をしかけるのにごうをにやして、

「みなさん、岡山の聖人といわれる人を紹介しましょう。」

というなり、ずんずん先にたってあるいてゆきました。

三人はよろこんで、ついてゆきますと、やがて畑につれてゆき、汗を流して働いている百姓をさししめしていいました。

「これが、聖人です。」

「ええっ！」

「このだいじな時間を、つまらない無駄な話でつぶすことにあいてをすることはできません。おかえりください。」

三人は赤面してかえっていったといいます。

このように中川は、儀助があった人のなかでも、たいへんかわった人でしたが、儀助とはおおいに気があって、中川が新しく設立を計画していた「看護婦産婆養成所設立意

士族に仕事をあたえる事業については、福岡県久留米《くるめ》市の赤松《あかまつ》社社長の三谷有信をたずねています。

赤松社というのは、福岡県の士族三千八百人ほどが金を出し、それにもとの殿さまから二万五千円、政府から一万八千円の補助を受け、合計四万五千円ほどの資本金ではじめた会社です。織物や雨がさつくり、あしだ表つくりの三つを仕事としていました。職工は士族の子弟で、男女あわせて六百人ほど働いていました。男はかさつくりか染色に、女は機織、十六、七歳の男子はあしだ表つくり、七、八歳の女子は糸を紡ぐことなどのかんたんな仕事にしたがっていました。

仕事は朝八時から夕方の六時までで、夜は希望者に、読書、算術、習字などの勉強を教えているということで、職工の賃銀は安いけれども、できた品物を安く売るので世間の信用もあつく、注文はなかなか多いということをきいて、儀助は農牧社の仕事とはちがうけれども、たいへん感心し、勉強になったことでした。

しかし、ただ感心していただけではなかったのです。明治という新しい時代に生き、これにおくれないようにするためには、いろいろのことを知っていなければ、新しい学問も産業もおこすことはできないということを、いつも考えていました。

4　千島探検にむかう

七十日におよぶ貧乏旅行は、西日本から九州にかけてまわり、そのあくる年、明治二十五年（一八九二）には、北海道を旅行するつもりでしたが、農牧社の用事で上京しているときに、たまたま政府が千島探検の軍艦を派遣するということをききました。かれは、それなら北海道行きをあとまわしにして、まず千島を探検しようと考え、佐々木高行伯爵に相談し、そのあっせんによって、許可を得ました。

こうして六月二十二日、儀助は弘前をたって函館にむかいます。その出発はごく親しい二、三の友人に知らせただけで、こっそりの旅だったのでした。この旅にあたっての荷物は冬の洋服、外套、シャツ、一週間分のほしたごはん、特別厚くつくったわらじ、筆記用具、参考地図、書物などという、ごくすくないものでした。

このころの千島、カラフトの事情は、明治八年（一八七五）五月にロシアとのあいだに、カラフト千島交換条約が成立し、千島の全部が日本の領土であることはみとめられていましたが、日本の国力はこのころはまだ弱いものとして、ロシアやアメリカなどの大きな国からは、あなどられておりました。

とくに海をへだててとなりあっているロシアは、たえず南に進んで、千島や北海道までを領地にしようという機会をねらっていましたので、国をうれえる人たちのあいだでは、北の守りがだいじだということがいわれていました。けれども、国内のことにおわれて、北のさかいのことまで手がまわらないというときでした。

さて、六月二十二日に弘前を出発した儀助は、青森から汽船で函館にわたり、七月四日まで、千島列島のおよそのことについて、いろいろ知ることにつとめました。

七月三日に日本新聞の記者、桜田文吾《さくらだぶんご》から、陸羯南《くがかつなん》からの千島探検についての激励文と、探検のための調査要項を手わたされ、儀助はたいへんうれしく、こころ強く思ったことでした。陸羯南は、日本新聞社の社長で、もともと青森県出身の人だったので、儀助は先ぱいとして尊敬し、いろいろ教えをうけていたのでした。

陸羯南が儀助にあたえた調査要項は、地理や歴史、風俗、習慣、言語、宗教、産業、動植物のようす、交通など、二十二項目にもわたるたいへんくわしいものでした。

今までの儀助の旅行では、このように計画的に調査の項目をたてるといったものはありませんでした。自分の興味のおもむくままに、いろいろなものを見、いろいろな人にあって話をきくということにすぎなかったのですが、こんど、これをあたえられたことによって、儀助の探検は、これらを基本にして、体系的な調査をするようになったのです。あとでお話する南島探検の場合も、儀助はこの項目にしたがって調査しているようです。

さて、七月五日は、儀助をのせた軍艦、磐城号《ばんじょう》が北に向かって出発する日です。函館の港は雨にけむっていました。

アツケシを経て根室《ねむろ》についたのは十日の夕方でした。磐城号はここに三十一日までいかりをおろすことになっていましたので、儀助は年とっているということで上陸をゆるされ、一か月の下宿料が七円というういちばん安い下宿屋にとまりました。そしてそのあいだに、根室の地理、気候、歴史、農業のようす、屯田兵《とんでん》（ふだんは農耕をしていて、なにかことがあると武器をとって守りにつけるように訓練してある兵隊のこと）の実状、その他についてくわしい調査をしています。

また、ここで外国密漁船が日本の警備の手うすなのにつけこんで、わがものがおに近海をあらしまわっていることをきいて、くやし涙にくれるのでした。

根室でいろいろ調べているうちに、北の守りの重要なことが身にしみてわかった儀助は、ある日、磐城号の柏原《かしわら》艦長にこっそりと相談しました。

「日本人にはまだこの北の守りがどんなにたいせつか、よくわかっていないようです。わたしはこの機会に、ロシア領カラフトにしのびこんで、ロシアがわの守りがどんなにきびしいものであるか、しらべてこようと思います。」

「笹森さん、あなたの考えはよくわかりますが、それはたいへん危険なことです。」

「それはわかっています。でも、艦長さんがゆるしてくれなければ、わたしはこっそりボートをぬすんででも、カラフトにわたりますよ。」

儀助の意志はかたいものでした。かれはつぎのように考えていたのです。

「正式に外国の探検をするには、国と国とのあいだの公式の手つづきをふまなければできない。しかし、それをしていたのでは時間もかかる。それに、ロシアがおそらくゆるさないだろう。それよりも個人がこっそり流れついたということでいけば、できないことはないのではないか。ロシアの動きを知ることはどうしても必要なことであるから、自分がやってやろう。」

この考えを柏原艦長に話したのでした。すると、かれもそのことについてはおなじ意見でしたが、儀助ひとりを危険なところにやるわけにはいきませんので、いろいろ考えたすえ、こういいました。

「笹森さん、どうしてもあなたひとりをやるわけにはいきません。しかし、いい方法があります。」

「それはどういうことですか。」

「シュムシュ島から根室までかえるのには、この船でも何日もかかりますが、カラフトなら一日でゆくことができます。そこで、シュムシュ島までいって、石炭や水がたりなくなったということにして、カラフトで補給してくれるようにたのめばどうでしょう。」

「なるほど、それなら合法的に入港することができますね。」

ふたりはこんな相談をして、なんとかカ

千島探検の折の笹森儀助

ラフトまでゆき、ロシアの守りのようすをさぐる計画をたてましたが、あとでのべるように、この計画は実現できませんでした。

七月三十一日に根室を出て、いよいよ千島列島にそって北にすすみました。八月一日はエトロフ島の漁小屋にとまっています。

あくる日からは無人の土地をゆくことになるので、食料のおぎないにしようと、網を三回ほど入れたところが、五、六百ぴきのマスがとれました。

八月三日は順調に航海できたのですが、四日は濃い霧にとりまかれ、五日は速い潮流に百五十カイリ（約二百七十八キロ）も流されて、オンネコタン島の沖をただようことになりました。

六日の正午、シュムシュ・ホロモシリの海峡で、同じころ、片岡利和侍従《かたおかとしかずじじゅう》をのせて千島を探検していた第一千島丸にぐうぜんであい、第一千島丸の案内でシュムシュ島につき、そこを測量してホロモシリ島にいかりをおろしました。

八月十日午前七時、儀助は一行三人とともにシュムシュ島のモヨロップ湾に上陸しました。そして土人（アイヌ）のほらあな住居のそばに、さきにここにきた片岡侍従の一行が小屋掛けしたあとがあり、そこに「千島探検ノ勅命ヲ奉ジ二十五年七月来島、ココニ草屋ヲ営ミ、本居トシ各所巡廻了《おわ》リテ同年八月、千島丸ニ乗船帰航ス。紀念ノ為《た》メ之《これ》ヲ記《しる》ス」と書いた柱が残っていることを発見しました。

この島での儀助の生活は、たいへん苦しいものでした。

儀助がこの探検のことを書いた『千島探験』という本でみますと、「わたしは三人のつれといっしょに、もと土人が住んでいた『ペットブ』にいこうとあるきだしたのですが、案内する人もいない、未知の野原で、道しるべとなるのはクマやキツネの足あとばかりでした。濃い霧が海の方からふきあげてきて、視界をふさぎ、数歩はなれるといっしょにいっている人でもわからなくなるほどでした。二キロほどもゆくと、湖があり、それから千メートル余りのところにまた大きな湖がありました。この湖の上の方に土人の村のあとがみつかりました。こわれたほら穴住居が二十ほど散らばっておりました。穴の入り口は、きびしい風雪をさけるためでしょうか、みんな北をむいております。穴は地盤から下一・五メートルほどほり下げ、四方の壁には難破船の板をひろってきてならべ、すみには流木を利用して柱とし、それに棟をかけ、流木や板を利用しててんじょうとし、その上に土を盛っています。炉と煙出しとあかり窓は、かならずついており、入り口は出入りにべんりなように階段がついています。棟と桁のだいじなところは、三十センチぐらいの釘でとめてあり、炉に鉄かぎをつっているようすは、内地のそまつな農家と変わったところはありません。ほら穴住居の外がわには、かならず長さ十五メートルぐらい、幅十二メートルぐらいの広さの土地を、棒を立ててかこっています。草がしげっているのをかきわけて、よくよく注意してみると、耕地のあとだということがわかります。周囲をくいでかこっているのは、犬や牛がはいってあらすのを防ぐためだということでした。この耕地にはカブ、ダイコン、ジャガイモ、ボタン菜などをつくったものだといいます。

根室にいたときに、まえにシュムシュ島に住んでいて、明治十七年（一八八四）にシコタン島に移住させられたヤーコブ、イヨンというふたりの土人にあい、いろいろきいてみました。

ヤーコブやイヨンがシュムシュ島に住んでいたときには、島は二つの部落にわかれており、戸数は四十数戸、人数二百六十人で、牛三十七頭を飼っていたといいます。牛の飼料は野草を刈ってきてあたえるのですが、たりなくなれば原野に放牧してムリ草をくわせていました。牛は、春、夏の青草のあるときにはよく肥えていますが、冬になるとほし草だけになるので、やせほそるのでした。」

このように、たいへんくわしくしらべているのですが、これはいのちがけで調査した結果だったのです。

北の海は荒れかたがはげしいものですから、儀助の一行はどうしても本艦にかえることができず、野宿しなければならないこともたびたびでした。

モヨロップの住居あとに野宿したときのようすをみましょう。

「わたしたち一行は、夜おそくなってモヨロップの住居あとにかえってきました。ここで今夜は野宿することにして、おたがいに手わけして海岸にうちあげられた流木をひろいあつめ、おので小さくわってたき火をし、濃い霧のためにぬれてしまったきものや、からだをかわかし、ビスケットをかじってねることにしました。

あるときなどは、夜中になって雨にふられ、ねられなかったこともありました。またあるときはビスケットもなくなって、こまってしまいましたが、霧がふかいのと、波が高いために、船にかえることができず、海岸でくぎをひろって、それを麻なわにつけ、さかなをつってうえをしのぎました。

エトロフでは、クマザサの芽を食べていちじをしのいだこともありました。

大雨のときには、マッチがしめって、火がつかなくなり、しみじみ火打石のほうがよいと思いました。この探検に火打石を持ってこなかったのはわたしの失敗のひとつでした。

エトロフで、アイヌの老人から無人島にわたって原野をあるくときの注意として、つぎのようなことに気をつけなさいといわれました。

草がすこししかたおれていない小道は、キツネのとおった道だからあぶなくないが、草が一メートルも大きくたおされて道になっているのは、クマのとおったあとなので、けっしてとおってはいけません、ということでした。

けれども、こんなにうえと寒さにせめられて、運を天にまかせているときに、クマの道だからあぶないとか、キツネの道だから安全だとかいうことをいっておれるものではない。むしろクマの道こそあるきやすく、べんりであるから、ということで、この探検のあいだは、もっぱらクマの道ばかりをえらんであるきました。

あるときなどは、まだクマのふんのあたたかいのをふんでいったりしましたが、クマはたいへん慈悲ぶかい動物なのでしょうか、害をくわえられることはありませんでした。」

このような危険のなかで、四日間もモヨロップで野宿をつづけ、十三日にようやく風のしずまったときをみはからい、本艦にかえることができました。

二十日までこのようにして調査をつづけましたが、二十一日ごろから、天候が急にかわり、風がやんだと思えば雨となり、雨がやめば濃い霧がおそって、寒さがきびしくなるというありさまで、乗り組みの人には、早く日本へかえることを望む気持ちがつよくなったのです。そのうえ、つごうのわるいことに、磐城号のいかりまでが潮に流されてしまい、食料も石炭も残りすくなくなりました。そこで、やむをえず、カラフトにはいって、カムチャッカのようすをのぞいてやろうという計画は、とりやめねばならなくなりました。

八月二十八日、磐城号はシュムシュ島を出発して、とちゅうエトロフにより、九月三日、根室港につきました。儀助はそこで船からおり、釧路《くしろ》、上川《かみかわ》、札幌、室蘭《むろらん》とまわって、弘前に十月十五日にかえりました。六月二十二日に弘前を出てから、じつに百十六日の長い旅でした。

百十六日のうち、軍艦ですごしたのが六十一日、陸にあった日が五十五日であったと儀助は書いています。

千島探検によって儀助は、日本の国にとって、千島列島がたいへんだいじな島であるという確信を、ますますつよくもつようになりました。

そして、千島の開発と守りをかためるために、つぎのような意見をまとめました。

一、明治二十六年から三十五年まで、千島開発の費用として六万円を国が支出する。

一、島の役所をシュムシュ島におく。（シュムシュ島はロシアにいちばん近い島です。）

一、航海の便をよくすること。

一、警備のための軍艦を春秋二回ずつ送ること。

一、電信をつけること。

一、島と島のいききにべんりな小舟をつくること。

一、シコタンの土人をシュムシュ島に移すこと。（もともとこの土人は、シュムシュ島にいた人たちです。）

一、千島の冬期の航海は、今まで試みたことがないけれど、海軍がこれをやること。

一、ラッコの皮をとるために、密猟がたいへんさかんであるが、これは大きな損失であるから、それを防がなければならない。そのための重要なところに、屯田兵をおくこと。

一、港を整備して、軍艦がいつでもつけるようにすること。

一、技術者を送って地理や物産の製造方法などをしらべ、また指導すること。

一、真宗のお寺をたてて、仏教をひろめ、葬祭のことをやらせること。

かれは、このような意見と、千島でくわしくしらべたことを書いた『千島探験』という本を、明治二十六年（一八九三）に出版しました。

これは儀助が、千島の開発の重要なことを知ってもらいたい気持ちから、友だちや国会議員などにくばったものですが、これを読んでたいへん感心した書記長官井上毅《いのうえこわし》子爵のあっせんによって、明治天皇もご覧になられたということです。儀助はその名誉に感激し、ますます国のためにたちたいという気持ちをつよくしたのでした。

5　南の島々へ

儀助が『千島探験』という本をあらわしたのは、かれが自分でしらべたり、千島の開発について考えたりしたことを、自分だけの知識とせずに、広く世間の人にしらせて、注意をよびさましたい、とくに政治にたずさわる人たちに千島の事情をしらせ、その開発と守りを一日も早くしなければならないことをしらせたい、と思ったからなのです。

さいわい、『千島探験』は多くの人に感銘をあたえました。ときの井上馨《いのうえかおる》内務大臣も、『千島探験』を読んで感激した人のひとりでした。

当時、日本国内でできる砂糖が年々すくなくなって外国から輸入する量が多くなってきていましたので、井上（馨）は、なんとかして国内での砂糖の生産をあげる方法はないだろうか、日本の砂糖のおもな産地は、南の島々であるが、この島々の実情をしらべて、砂糖の生産をどうすればあげることができるか、研究する人はいないだろうかと考えているところでした。そのとき、儀助という人物を知ったのです。井上は、儀助にこのことを話し、しらべてくれるようにたのみました。

　儀助は北の国の生まれで、砂糖のことはよく知らないので、いちどはことわりました。けれども、千島探検のようにやればよいという、井上のたってのすすめでしたので、ひきうけ、儀助の南島探検が実現することになりました。

　千島の旅も危険の多いものでしたが、こんどの南島の探検には、またちがった危険が予想されるのでした。

　南の島々には、いろんな風土病があり、毒蛇がいます。そのなかでも、もっともおそろしいのがマラリヤという病気と、ハブという毒蛇の被害でした。

　マラリヤは、マラリヤ蚊《か》という蚊に病原虫がいて、その蚊にさされると病気にかかります。いまでこそマラリヤの予防も、ハブにかまれたときの血清も、よいものができていますが、医学のすすんでなかった、明治二十六年ごろのことですから、いちどマラリヤにかかると、もうたすからないといわれたものでした。またハブにかまれたら、できるだけ早く、その部分を切りおとして、毒がからだじゅうにまわらないようにするか、そうでなければ死ぬほかなかったのです。

　儀助はほんとうに決死の覚悟で家族や知人にわかれをつげて、弘前を出発しました。明治二十六年（一八九三）五月十日、ときに儀助は四十九歳になっていました。そろそろ老人のなかまいりをしてもよい年齢でした。

　十二日に東京につき、二十三日までのあいだ、探検のために必要な準備や下しらべをしました。このとき儀助は、南の島々のことにくわしい奈良原《ならはら》沖縄県知事や、農科大学（いまの東大農学部）教授田中節三郎、そのほかの人にあって、マラリヤのこと、砂糖のことなどを勉強しております。

とくに田代安定《たしろあんてい》にあっているのが注目されます。田代安定は、台湾や琉球《りゅうきゅう》（沖縄）など、南の島々についてはたいへんくわしい人で、このときにはもう、三回にわたって沖縄や宮古《みやこ》島《じま》、八重山《やえやま》諸島をしらべていましたが、その旅行のときにマラリヤにかかり、いつなおるというあてのない病人になってしまいました。けれども安定は、儀助の疑問にしんせつに答えてくれ、儀助には、たいへんよい参考になりました。

儀助の南島探検についてみるまえに、田代安定についてすこし話してみましょう。

田代安定と琉球

田代安定は安政三年（一八五六）八月二十二日、いまの鹿児島市に生まれました。笹森儀助よりも十一年後のことになります。アメリカのペルリが浦賀にきて、日本と貿易することをもとめたり、ロシアの船がしきりにカラフトや千島の島々にきているころで、徳川幕府の鎖国政策がようやく終わりをつげようとする時代で、世のなかは上を下への大さわぎのころでした。

とくに安定の少年のころには薩摩藩は、尊王派の中心として、徳川幕府に反対する人たちが多かったのです。また、日本のいちばん南のはしにあることから、外国の船がくることが多く、外国のすすんだ制度や、産業などを見聞きして、その影響をうけることも多かったのです。それで、ほかの地方にさきがけて、洋式のガラス工場や、紡績工場などをつくり、産業をさかんにすることに努力しておりました。教育の面でも、外国のことに意をそそいでいました。

安定は、鹿児島で柴田《しばた》圭三《けいぞう》という人についてフランスの学問を教えられ、明治八年、もっと勉強したいと考えて東京にでました。しかし家が貧しいために、思うようにならず、内務省の博物局につとめることになりました。

その博物局の局長だったのが、田中芳男《よしお》という人で、安定はこの田中芳男にたいへんかわいがられました。かれは、日本の農学をさかんにした大恩人として有名な人で、動物学や植物学にたいへんくわしい学者でした。そして、安定は明治十年から十三年まで、田中芳男の助手をつとめ、知識と、学問の方法を身につけたのです。

さて、安定は沖縄や、台湾の開発にいっしょうけんめい働くことになるのですが、はじめて沖縄にわたったのは、安定が二十六歳のとき、明治十五年（一八八二）のことでした。このとき、安定は、まだ内務省の役人で、東京の農事試験場の熱帯樹の苗を、沖縄にうつすという仕事のためにわたったのでした。しかし、その仕事が終わってから、安定は七日間ほど休暇をもらって、八重山諸島の石垣島をみてまわりました。

植物学を勉強していた安定にとって、南の島々の植物はたいへんめずらしく、研究心をそそられました。

気候にめぐまれた沖縄の山々は、木々の生長が早く、内地の山のようにきりあらしていないので、うっそうとしげっています。そのなかには、紫《し》たんや黒たんのような、貴重な木も多くまじっています。また、サツマイモは年じゅうどこにでも植えつけることができますし、米もとれる、バナナもあるといった土地がらですから、安定は開発することによって、沖縄をいくらでもゆたかな土地にすることができると考えました。ところが、東京にかえってから、沖縄開発について熱心に説きましたが、話をきいて賛成する人はすくなかったのです。

そうしているうちに、明治十七年（一八八四）にロシアで、万国園芸博覧会が開かれることになり、安定は日本の代表として、派遣されることになりました。安定が二十八歳のときでした。そのかえりにはベルギー、ドイツ、フランスをまわって、勉強してくることをゆるされたのでした。

そのころ、フランスと清国《しん》（いまの中国）は戦争していました。安定がフランスにいるとき、フランスの新聞にこんなことが書かれていました。

「フランスが清と戦争するには遠すぎるから、住む人もなく、ほうっておかれている沖縄の島に基地をつくって、そこに軍隊や軍艦をおいて、そこから攻めるようにすればよい。」

安定はびっくりしました。日本では、沖縄は日本のものであると思っているのに、外国では、住む人もないので、自分たちが自由に使ってもよいと思っている、そのままほうっておけば、たいへんなことになると、安定はその新聞を買い集めて、日本にとんでかえりました。そして、政府のえらい人たちにそれを見せて、

「沖縄が日本のものだということを、世界の人にしらせなければなりません。それには沖縄のことをよくしらべて、どんどん開発してやるようにしなければ、たいへんなことになりますよ。」

と説きました。

そのころ、総理大臣であった伊藤博文も外国にいっていましたが、かえってきて、

「日本は外国にまけないだけの施設をつくって、早く外国と肩をならべられるような国にならなければならない。そのために、沖縄などにかまっているひまはない。」

ということをいったので、ようやく沖縄にたいして注意を向けはじめていた政府の役人たちも、沖縄のことにはかまわなくなりました。

安定はおこって役人をやめてしまいました。役人をやめましたが、安定の人がらと、知識をおしむ人が多くいました。また、沖縄に関心をもっている人たちもいましたので、そういう人たちが集まって、かれに沖縄探検をさせることになりました。いまの東京大学と文部省がこれを援助しました。

安定はよろこんで沖縄探検にでかけ、学問的にすぐれた調査をしました。

琉球王国から沖縄県になるまで

田代安定の沖縄探検のことを話すまえに、沖縄の歴史についてかんたんにみておきましょう。

沖縄人は日本民族ですが、九州の南方にあって交通がふべんだったので、ずっとむかしは独立した国になっていました。十四世紀になると明国（いまの中国）にみつぎ物をおくって、交わりをむすぶようになりますが、そのころすでに琉球国といっています。

琉球という名まえのおこりは、七世紀のはじめころに、中国人がこの島々を発見したときからであるといいます。七五三年（天平勝宝《てんぴょうしょうほう》五年の末）、遣唐使の吉備真備《きびのまきび》が唐の名僧、鑑真和上《がんじんわじょう》を遣唐使船に乗せて日本に帰る途中、阿児奈波《おこなわ》——つまり沖縄に寄って、鹿児島への順風を待ったという記録が残っています。このように、琉球列島は、日本と中国とを結ぶ、重要な通路の一つになっていたのです。

さて、琉球は古くから中国にみつぎ物をおくって交流していましたが、島づたいに近いところにある日本との交わりも、たいへん深かったのです。十五世紀、室町時代に、沖縄本島では統一国家ができるのですが、それからいちじとだえていた日本との公式の交渉が、室町幕府に献使《けんし》（使いをよこすこと）、朝貢《ちょうこう》（みつぎ物をおくってあいさつすること）という形で、貿易をするようになっています。

このころは中国、日本、朝鮮だけでなく、シャム、パレンバン、マラッカ、スマトラ、バタニ、アンナン、スンダなどの南の国々とも、沖縄は貿易をおこなっていました。貿易は琉球国王の独占事業でしたから、唐物《とうもの》といわれた明の産物を日本に売り、日本や、南海諸国の品物を明に売りつけるという、なかだちの商売で、国王はたいへん利益を得ていました。那覇《なは》の港には、諸国の船が集まってにぎわっていたものでした。

しかし、十六世紀のはじめに、ポルトガル人が東洋に進出してくるようになり、中国の商人が南海諸国との貿易をはじめ、また日本の船も南海諸国にゆくようになると、琉球のなかだちの役わりはしだいにうすれ、十六世紀の半ば以後は、中国との貿易だけになりました。

琉球は琉球王家の支配する独立国であり、日本や中国との貿易によって平和なあゆみをつづけていたのですが、やがて薩摩（鹿児島）藩主の島津義久は、琉球王国が中国との貿易によってあげている利益に目をつけました。そして、琉球は足利将軍から島津氏にあたえられたものであるが、このごろはみつぎ物をもってこないし、徳川家康が将軍になってもお祝いの使いもよこさない、これは無礼なことであるという口実で、徳川家康に琉球を征伐することを願い出ました。

やがてその許しを得て、慶長十四年（一六〇九）、兵隊三千を舟百せきにのせて攻めさせました。琉球の人々は、百年もの平和な暮らしになれており、はじめから戦う意志はありませんでした。そのうえ、薩摩がわは琉球の人が見たこともない「棒の先から火の出る」おそろしい武器（鉄砲のこと）をもって攻めてきましたので、ひとたまりもなく敗れました。

この戦争によって、薩摩藩は与論《よろん》島から北の奄美《あまみ》諸島を自分の領土とし、沖縄から南の島々を国王の支配としてみとめ、貢租《こうそ》(税金)をきめ、自分の支配下におさめました。

そのころ徳川幕府は、大名たちが海外と貿易することを禁じていましたので、島津氏は琉球を征服したのちにも、琉球王国を名まえだけ残しておき、琉球王国の名まえで中国と貿易をし、その利益だけは自分のものにするというずるいことを考え、それを実行したのです。

琉球は薩摩の支配下にはいってからも、中国との関係はかわりなくつづけていましたが、薩摩の支配下におかれているということは、中国にたいしては、ひたかくしにかくしていました。そこで、中国からの使いがくるというまえには、島の方々にたてふだがたてられました。それにはこんなことが書かれていました。

「日本の年号、日本人の名まえ、日本の書物、日本の器具など、すべて中国人が見とがめそうなものはかくしておくこと。日本の歌をうたったり、日本のことばをつかってはならない。もし中国人が日本のことばでなにかきいても、通じないふりをすること。日本ふうの風俗は見せないように注意しなければならない。」

このように、こまかい注意をあたえたものでした。ちょっとしたことで日本との関係がわかって、中国との貿易ができなくなると、薩摩がこまるからでした。

名まえだけは琉球王国として残されていましたが、じっさいは薩摩藩の植民地として、貢租をとられ、そのうえ中国貿易からの利益は、すべてとりあげられてしまうことになって、琉球の人たちは長いあいだ苦しめられ、進歩のない、おくれた暮らしにあえぐことになるのです。

明治四年（一八七一）、明治政府はそれまであった、大名のおさめていた藩の制度をやめて県を置き、日本は統一国家になります。そのころ琉球では、薩摩をヤマト（大和）、日本全体をオオヤマト（大大和）とよんでいましたが、この新しい制度によって、琉球がヤマトの属国からオオヤマトの一部として、あらたによみがえることになりました。つまり、薩摩藩は鹿児島県となり、琉球もその支配するところとなりましたが、琉球はほかとは事情がちがい、一国をなしているので、明治五年、鹿児島藩から切りはなして、あらたに琉球藩とし、国王が藩主になりました。

明治政府では、ほかと同じように県にするつもりでしたが、琉球は薩摩藩にとってつごうのよい政策のためとはいいながら、中国にたいしては五百年来のみつぎ物をおくる国という関係になっており、王は中国皇帝から琉球国中山《ちゅうざん》王とよばれるという形式になっていましたので、中国との関係が複雑で、思うようにはいかなかったのです。明治八年になると、政府は中国との関係をたちきるように、琉球にきびしく命令しましたが、琉球王家や上流の士族たちはこれに反対し、かんたんには解決しません。しかし、明治十二年むりやりに琉球藩をとりやめ、沖縄県としました。

沖縄県となってから、琉球の古い制度が改革され、日本内地と足なみをそろえていくような形にならなければならなかったのですが、なかなかそうかんたんにはいきませんでした。そのことは、これからのべる、安定や儀助の旅行によってあきらかにされます。

田代安定の沖縄探検

明治十八年（一八八五）、安定は学者として、自由にあるきまわる本格的な沖縄探検旅行をはじめました。ところが安定もなかまも、沖縄のことばにはなれていません。沖縄のことばはたいへんなまりの強い方言ですので、わかりにくいのです。そこで、通訳をさがさねばなりませんが、探検旅行となると、たいへんな苦労にたえねばなりませんから、なによりもじょうぶなからだをもって、しかも土地の事情をよく知った人が必要です。それには、方々の山で働いたり、荷車をひいたりするような人のなかからさがさねばなりませんが、そんな人たちは、日本語がわからないので通訳ができません。こまりはてていると、村の人が、それには安堂《あんどう》がよいといってくれました。

けれども、安堂は、気にくわないことがあると、そこらにあるものをたたきこわしたり、なにかというと、すぐにけんかをふっかけるという、わがままでらんぼうな男でした。それでいて、日本語も知っているし、あちこちの事情もよく知っていました。

そこで、安定はかれをたずねていきます。村の人は、安定が安堂になぐり殺されるのではないだろうかと心配しました。

安定は、こんどの旅行は探検だから、探検が終わるまで、ねるときですら靴もゲートルもぬがないことにしていました。洋服も着たままです。そのうえ、身なりにはまったく気をつかわない人でしたから、頭も自分で散髪して、トラがりになっていても平気でした。他人から見るとずいぶんかわっていました。

そんな、うすぎたない背のひくい人がはいってきたので、安堂のほうがびっくりしました。そして安堂がすわれともいわないのに、平気ですわりこんだ安定は、

「あんたはらんぼう者だってね。でも、わたしは、これから沖縄のためにいろいろやるのだから、わたしにらんぼうしちゃいけないよ。」

といって、近くの湯のみからお茶をついで、かってにのむのでした。これには、さすがの安堂もあっけにとられました。

安定は、くよくよ考えたり、どうしようかとまよったりすることがきらいな人ですから、思ったことをずばずばいいます。

安堂も、らんぼう者とはいえ、竹をわったような性格の男でしたから、ふたりは一言二言話し合ううちに、もうすっかり友だちになってしまい、安堂は、すすんで安定のために通訳をつとめることをちかいました。

なにしろ安堂が、この道はあぶないといってとめると、安定は、あぶないところでもいかなきゃわからんじゃないかとしかるので、安堂も頭が上がりません。

また、道をまよって、人がとおったこともないところに足をふみこんで、出たところがはいったところだったという場合が何回もありましたが、安定はけろりとして、「そ

れじゃこっちだな。」といって、とっととちがった方向にあるいていきます。案内役の安堂が、あとから追いかけねばなりません。

村の人たちが、そのうちにあのふたりはきっとけんかして、安定さんがたたき殺されるかもしれないぞと心配していましたが、ふたりのあいだは、だんだんに親しくなり、安堂は安定に骨身をおしまずつかえるようになりました。

雨がふってすべる道は、安定を安堂がせおってあるき、どろ沼の底に大木の根があることがわかれば安堂が水につかってさがしだすといったありさまでした。

調査は、八重山諸島の石垣、西表《いりおもて》、竹富《たけとみ》、小浜《おばま》、黒島、新城《しんじょう》、鳩間《はとま》など、ほとんど全部の島にわたっておこないましたが、与那《よな》国《くに》島だけは、わたることができないのでやめました。島から島へは、サバニという丸木舟でわたるのですが、サバニは、波があらいとすぐひっくり返るので、とてもわたれません。

一行が、石垣島についたのは、七月で、もっとも暑いころでした。

砂浜をあるいていると、靴の底に火がついたように感じられます。

帽子をかぶっているのですが、まるで、頭をむしているようなものです。そこで、大きなバショウの葉を笠のように頭にかぶってみましたが、密林が多いので、あるくのにふべんでしかたありません。けっきょく、帽子の下に手ぬぐいをかぶり、帽子をあみだにかぶって旅をつづけました。南の島は毒蛇が多いということを聞いていましたから、安定は朱ざやの刀をせおっていきました。ちょうど忍者みたいなかっこうです。

山の中ならそれでもよいのですが、ものごとにむとんちゃくな安定は、そのままのかっこうで町の中でも、村人のあいだでも、平気であるきました。沖縄の人は、はじめのうちは、

「おい、へんなやつが来たぞ、うっかり近よると、ばっさり斬り殺されるかもしれない。声をかけられたら、にげようではないか。」

と話し合ったことでしたが、しだいに安定の人がらがわかってきたので、人々は安定の調査に協力するようになりました。

つぎは、ある村でのできごとです。

安定は、八十歳以上の老人はお宮の境内《けいだい》に集まってもらうように、村長にたのみました。その話を聞いて、老人たちは、とても心配しました。

「いったいなにをされるのだろう。あのらんぼうな安堂もいることだから、いかなければたたき殺されるかもしれないし、いけば、みんなをすわらせておいて、あの刀でばっさり斬り殺すのではないだろうか。」

そんなことを話し合いながら、みんなおそるおそる、お宮の境内に集まりました。

安定は、ひととおりあいさつがすむと、

「みなさんは、むかしのことをよく知っているでしょう。たとえば、いつどこの山がくずれたか、どの川がはんらんしたか、そして、そのためにどんなことが起きたか、など、みなさんの知っていることをくわしくわたしに話してください。」

といって、老人たちを見わたしました。

老人たちは、まだ安定をうたがっています。なんでそんなことを聞くのか、どうせつぶれる村なら、老人からさきに殺してやるというのか、と思って、しだいにけわしい空気になってきました。

安定は、それに気がついて、さらにつづけました。

「今まであったことは、またあると思わねばなりません。たとえば、百年まえに、ある山がくずれて、人家がつぶれたとしますよ。人々は百年まえのことを知らずに、またそこに家を建てて住みます。ところが、山がむかしのままなら、またくずれて、おなじような結果になるじゃありませんか。

山にたいして、くずれない方法をとるとか、そんなところに人が住まないで、そこを畑にするとか、なんとかしなければなりません。

わたしたちは、そういうことをしらべにきたのですし、さらに、どこになにを植えたらよいか、どこに道をつけたらよいかなどもしらべます。

だから、むかし、人々はどこをあるいて、どことゆききしていたかなども話してもらいたいのです。」

そういって、じゅんじゅんと話をしていきました。

老人たちは、安定が、ほんとうに沖縄のことを考えてくれていることがわかったので、それからは、われもわれもと、知っていることを話しだしました。

それを聞きながら、ノートに書いている安定は、タバコの灰がひざに落ちても平気ですし、机にひじをつくと、ちょうど、指にはさんだタバコの火が耳にあたってやけどします。「あいたっ。」といって、タバコを手ばなすと、それが肩に落ちて、肩のところが焼けます。煙が出ていても、安定はそんなことに気づかないで、いっしょうけんめいに筆を動かしています。

だから、安定の左の耳はやけどのあとが多かったし、洋服の肩のところや、ズボンの前の方には、やけあとがいくつもできました。

安定は、タバコも酒も、ひとなみ以上によくのみましたが、人里はなれたところにいつまでもいるときは、酒のかわりにくだもののしるをしぼって飲んだり、タバコのかわりに草や木のかれ葉を、くるくるとまるめてすったりしました。

食べるものは、くだものもあるし、それにたいていのところにはサツマイモがつくられていたので、そんなに不自由はありませんでした。それに、ヘビやカエルをとって、栄養をつけたりもしました。

なかでも、毒蛇の肉をみそ煮にした料理がいちばんおいしかったそうです。

かれ草をしいて、その上にねるというのは毎度のことで、沼や川をわたるときには、腰までつかり、ぬれたものをそのまま着てあるいているうちにかわかすという毎日でした。

そうして、あるきながら、川の深さをはかったり、水の性質をしらべたり、距離や位置を一つ一つたしかめて、どこには人が何人住んでいる、どこにはどんな動植物があるなどということも全部しらべていきました。

休むひまもないし、ねる時間もあまり長くとるわけにはいきません。そうした無理がたたって、あとから、なかまに加わった寄喜《よりき》亘《わたる》という人は、西表島《いりおもてじま》の山奥でマラリヤにかかりました。マラリヤは、当時たいへんおそろしい病気と思われていましたから、一行はさっそくこの病人を四ケという町へつれていきました。

町の人も、よってたかって看病してくれましたが、そのかいもなく、寄喜はここで死んでしまいました。

おとむらいをすました一行は、すぐまた山の中へはいっていきました。

何日かすぎて、まったくへんぴな、家が八戸しかない村に一行がたどりつきました。それいによって、村の人たちに集まってもらって、いろいろの話を聞いているうちに、安定は寒気がして、ぶるぶるふるえだしました。

村の人には、それがマラリヤだということがすぐわかりましたので、

「これはたいへんだ。ここに置いたら死ぬかもしれない。何時間かかってもいいから、四ケの町までかついでいこうじゃないか。」

といって相談しはじめました。

それを高熱でうなされながら聞いていた安定は、

「みなさん、心配しないでください。わたしはここで死ぬなら、それでもいいと思っています。でも、もしなおるなら、すぐに起きて、つぎの調査をしなければならないのです。」

といって、みんなの好意をしりぞけました。

村の人々も、その真剣な態度にうたれて、いっしょうけんめいかいほうするのですが、なにしろあたたかい国のことですから、熱があるからといって、それに着せるふとんがありません。しかたなく、床にしいてあるござや、むしろをはいで、上に着せかけました。

このように安定は、死の一歩手前までいきましたが、村人から必死の看病をうけて、とうとう、マラリヤもなおってしまいました。しかし、マラリヤという病気は、いちどかかると、完全になおるということはありません、なんども再発してたいへん苦しいものです。安定もそれからずっとこの病気に苦しめられたのです。しかし、安定はその病気をおそれることなく調査をつづけるのでした。

そして、明治十九年（一八八六）四月まで、ちょうど十か月、沖縄の探検をし、かえってきました。その後も、何回か沖縄にわたり、調査をつづけました。

安定は自分が沖縄でしらべたことを『人類学雑誌』という研究雑誌につぎつぎと報告しておりますが、これらの報告は、そのころの学者や世間に沖縄の実情をしらせ、日本の学問をすすめるうえに大きな役わりをはたしたばかりではなく、いまでも沖縄の研究をする人はどうしても読まなければならないだいじな論文とされています。

明治二十八年（一八九五）、日本は東洋の大国であった清国（いまの中国）と戦争して勝ちました。そして、それまで清国の領土であった台湾を清国からゆずりうけ、植民地として経営することになったのです。

南の島々のことにくわしい安定は、政府によばれ、もういちど役人となって、台湾にゆくことになりました。それからの安定は、もっぱら台湾の農業や林業をさかんにするために努力しました。

そのおなじころ、伊能嘉矩《いのうよしのり》という人も、台湾の調査探検をしていました。安定は嘉矩といっしょに、「台湾人類学会」という学会をつくり、台湾の学問的な研究にも大きな役わりをはたしました。

そして昭和三年（一九二八）六月十六日、台湾から東京にゆくとちゅう、鹿児島でなくなりました。ときに七十五歳でした。

では、安定といっしょに台湾で活躍した、伊能嘉矩というのは、どんな人だったのでしょうか。

伊能嘉矩と台湾

伊能嘉矩は、慶応三年（一八六七）に、岩手県下閉伊《へい》郡遠野町に生まれ、少年時代をそこにすごし、のちに東京に出て、いろいろの勉強をして、二十八歳のとき台湾にわたりました。そして十年のあいだ探検と調査をしてかえり、晩年は、郷土のためにつくして、大正十四年(一九二五)、五十八歳で遠野でなくなった人です。

嘉矩が台湾にわたった明治二十八年は、いまお話したように台湾が日本の領土になった年です。明治維新のはげしい動きもおちつき、ようやく日本の国家の体制がととのい、外国にたいしても強いことをいうことができるようになったとき、まっさきに衝突したのがとなりの清国、いまの中国です。そこで意見が合わずに戦争になったのが二十七、八年戦役ともいう日清戦争で、日本はそれに勝って、つぎに、さらにとなりのロシア、いまのソ連と戦争をします。それを三十七、八年戦役ともいうし、日露戦争ともいって、これにも勝ちますが、十年間に二度も戦争して勝ったというので、それから、日本が世界のどの国とも対等に話しあいをすることができるようになるのです。

当時の清国もロシアも、強国のひとつで、とくに清国は、中国大陸を一手におさめ、世界にほこる高い文化と、ゆたかな経済力と武力をもって、まさに東洋一の大国だったのです。それに立ちむかう日本は、徳川三百年の鎖国のあいだ、外国とちからをくらべることもなく、外国人から見れば、清国の属国くらいにしか見られない存在でした。ところが日本はそれに勝ったのです。

そういう意味で、日清戦争は、ライオンとウサギの戦争みたいなものでした。

勝ったとはいえ、はじめてこんな戦争をしたことではあるし、日本のほうがつかれきって、占領したところにもじゅうぶんなことをしてやれないありさまでした。自分の国のちからをもりかえさなければならないことと、外国の攻撃を警戒することにせいいっぱいだったのです。

台湾は、そういうときに、日本の領土になったのです。いわば日本の勝ちみやげでした。

第二次世界大戦ののち、蔣介石《しょうかいせき》が軍隊をひきつれて台湾にうつり、それよりのち台湾は、日本の領土ではなくなりましたが、明治二十八年（一八九五）から昭和二十年（一九四五）までの五十一年間は、日本の領土でした。このころ日本は、北は千島、日露戦争で得た南カラフトから、南は沖縄・台湾、さらに第一次世界大戦後、おさめる権利をまかされた南洋諸島までをふくめて領土にしていました。

そうして、新しく日本の領土になったところには、日本の内地とおなじ政治をしいていかなければならないことはもちろんですが、占領するには、それをするだけの目的と意義があるわけで、ひとつは軍事的に役だてることと、もうひとつには、そこを開発して、日本の経済力をゆたかにするということでした。

台湾はその結果、あとで、日本が中国大陸と南方にむかってちからをのばしていく足場になったし、また台湾でとれる砂糖や木材などは、またたくまに日本の経済力をささえるちからになっていきました。

このように、のちになると台湾はそれほどだいじな存在になってきましたが、明治二十八年、ようやく日本の領土になったころの台湾は、やばん人の巣のように考えられていました。じじつ、首狩をおこなう未開人がわずかではありましたが、昭和のはじめのころまでいたくらいですから、大陸のほうは世界にほこる文化をもちながら、それにくらべてこの小さな島は、未開の国だったわけです。

もちろん、やばんな未開人がいるくらいですから、奥地のことはだれも知らないし、まして、鎖国のため、外国のことを知る機会のなかった日本人にとって、台湾がどんなところかということは、まったくわかっていませんでした。

しかし、そこを開発するにしても、新しい政治をしくにしても、そこに住む人のためになるようにしなければなりません。それには、そこに住む人たちの生活や、自然や、社会のしくみなどを知らなければなりません。

ところが、日本ははじめての大戦争でつかれきっていて、そういう研究にちからをいれるゆとりがありませんでした。

そこで、伊能嘉矩は、台湾のため、ひいては日本のためにと、ひとりで台湾にわたって、探検と研究に十年の歳月をついやすことになりました。のちに台湾がほんとうにくらしやすいところになり、さらに日本の重要な足場になるきっかけをつくったのが伊能嘉矩でした。

学者の家に生まれて

嘉矩が生まれた伊能という家は、何代もまえから学者で、南部藩（いまの盛岡）につかえ、殿さまに政治や道徳についての学問を教える家がらでした。

嘉矩のおじいさんに友寿《ともとし》という人がいましたが、この人はたいそうきびしい、まじめいっぽうの人で、剣道の達人でもあり、それまであった日本の学問をひととおりなんでも知っていたという、たいへんな学者でもあり、明治維新ののちは神主をしていました。おとうさんを守雄といって、この人は、よその家からむこに来た人ですが、その妻、つまり嘉矩のおかあさんは、嘉矩が二歳のとき病気でなくなりました。守雄はその二年後、東京に出て医学を学び、のちに郷里遠野にかえって医者をやっていました。その後のようすがはっきりしませんから、あるいはそのまま伊能家を去って、伊能家とは関係ない人になったかとも思われます。

守雄の父、つまり嘉矩の父方のおじいさんにあたる人に江田霞村《えだかそん》という人がいます。この人はやはり、友寿とおなじように、たいへんすぐれた学者で、明治維新をなしとげるのにもちからをつくした人です。

嘉矩は、そういう人たちのあいだに育てられました。

二歳のとき、おかあさんのふところにだかれて、「赤壁《せきへき》の賦《ふ》」という漢詩をくちずさんだといいますが、かたことにしろ、その一、二句をくちずさむほど、嘉矩の周囲には学問の気風がみなぎっていたのでしょう。

ところが、その年、おかあさんがなくなりました。いまでは遠野には汽車でいけるし、盛岡からバスでもいけますが、そのころは交通もふべんな、草深いいなかでしたから、ちょっと病気しても手当をすることもできず、おかあさんはあっという間になくなってしまいました。

　とり残されたおとうさんは、二歳の嘉矩をだきかかえながら、とほうにくれました。時代が進歩し、医学も発達したのに、妻はなぜ死んだのだ、そう思ったとき、

「そうだ、ここに医者がいればよかったのだ。よそから医者に来てくれる人がいないなら、わたしが医者になろう。」

と思いつき、医者になる決心をしました。

　それには、おじいさんもおばあさんも賛成してくれたので、二年ののち、おとうさんは嘉矩を置いて、ひとりで医学の勉強のため東京へ出ました。

　嘉矩は、それからずっとおじいさんとおばあさんに育てられますが、友寿《ともとし》、霞村《かそん》の両祖父とも、たいへんな学者でしたから、その感化をうけて、ひじょうに勉強熱心な子に育っていきました。

　ふたりのおじいさんに読書をならった嘉矩は、文章を書くことによろこびを感じるようになりました。

　七歳のとき小学校にはいりましたが、そのとき、「わたしはこんな悪いことはしません」という、自分をいましめる文章を書きました。こういうことはなぜ悪いか、これをやったら人々にどんな影響をあたえるか、それをやらないためにどうすればよいか、といったことを紙に何まいも書きつづりました。

それを見たおじいさんの友寿が、

「これはりっぱなものだ。これをとじて一さつの本にしてやろう。この本の名まえを『悪児戒書《あくじかいしょ》』と名づけてやるから、だいじにしなさい。」

といって、たいそうほめてくれました。

かれはまた、小学校へかよう道々で見たこと聞いたことも、全部文章にしていきました。それは、子どものかれにとっては、たいへんな新知識だったのです。そして、それを十歳のときにまとめて、『遠野新聞』と名づけました。毎日配達される新聞ではありません。新しく見聞したことの文集です。

さらに十一歳のとき、『排仏新論《はいぶつしんろん》』という文集も書き上げています。現在残っていないので、どんなものかわかりませんが、おそらく宗教を批判したものだろうと思われます。

十三歳で小学校を卒業しますが、それまでに、三さつもまとまった文集を書くくらいですから、作文がうまいというだけでなく、たいへんな努力家で、周囲を観察するちからが強かった人であることがわかります。

小学校を卒業した嘉矩は、そのころすでに郷里にかえって医者になっていたおとうさんのあとをつぐために、医学の勉強をしようと思いました。

しかし、いなかのことで、おとうさんの収入もすくなく、おじいさんも神主をしているのでは、自分の生活をささえるのが精いっぱいで、とても孫を上級学校へやるどころではなく、嘉矩は医学校へいくことを断念しなければなりませんでした。

そうはいっても、勉強をしたいという気持ちに変わりはありません。さいわい、ふたりのおじいさんがりっぱな学者でしたから、友寿について国学を、霞村について道徳、歴史、文章を習いました。

とくに霞村は、敬身塾《けいしんじゅく》という塾をひらいていましたから、たびたびそこへいって、勉強熱心な友だちといろいろの討論をやったり、作文の練習をやったりしていました。

嘉矩が十三歳のとき、つまり明治十三年（一八八〇）は、国会を開いて、民主国家を作れという声が日本全国にひろがった年です。その運動がしだいに強くなって、ついに十四年には、国会を開く時期を明治二十三年と決めるから、国民はあまりさわがず、その準備をこころがけるように、という詔勅《しょうちょく》が出されたくらいです。

嘉矩が敬身塾に学んでいたのは、ちょうどそのころだったのです。勉強熱心な、しかも国家のことに感じやすい人たちと勉強し合うのですから、嘉矩自身、しだいにその方向に熱中していきました。

やがて、なかまと「開知社」というグループをつくるようになりました。

「ぼくたちのもっている知識を、世のなかに役だてよう。ぼくは本も読み、討論も毎日しているけれども、そうするひまのない人たちもずいぶん多いから、そういう人たちに、ぼくたちが学んだことを教えてやろうじゃないか。」

そういう目的で、開知社をつくり、そのとき『征韓論』という本をあらわしました。

もっとも、これは西郷隆盛が征韓論を主張してうけいれられず、政府を去ってから十年後のことでした。征韓論というのは、韓国が日本の侵入をしりぞけようとしているのにたいして、すすんで韓国征伐にのりだそうという意見です。

こうして、グループで研究してみても、またおじいさんたちに勉強を習ってみても、かれはじゅうぶん満足できません。そしてある日、

「おじいさん、ぼくはもっと広い学問をしたいし、いろいろの人に習って、世のためにつくす人間になりたいと思います。

今までに習ったことだけでも、このいなかの人たちにはずいぶん役だったのですから、もっと勉強すれば、もっと多くの人たちのためになると思うのです。」

と申しでました。おじいさんもこれをゆるし、嘉矩は当座のこづかいをもらって東京へ旅だちました。かれが十九歳のときです。

そして斯文黌《しぶんこう》という、いまの専門高等学校のようなところを受験したら、成績がよすぎるというので、上級クラスに編入をゆるされました。

嘉矩が、正規に学校へかよったのは小学校だけでしたが、専門学校に一気にはいれたというのは、それだけ郷里で独学をしていたからでしょう。

ところが、いなかからもらってきたお金は、これでじゅうぶんだと思っていたのに、さすがに東京では物価が高くて、とても生活できません。

試験をうけて、受かっただけで、入学式のあくる日にはもう退学しなければなりませ

んでした。おそらくアルバイトの口もうまくみつからなかったのでしょう。

斯文黌をやめて、五月に二松学舎《にしょうがくしゃ》にはいりました。いまでも国文漢文で名高い大学です。ここは寮生活で、経費はあまりかからなかったのですが、とにかく教科書を買うお金もなく、嘉矩は友だちの本をうつして、それで勉強しました。

ここで一年間勉強し、その後、郷里へかえり岩手県立師範学校で給費生（国から学費を出してもらう学生）になり、ひとまず勉強に専念できるようになりました。しかし、当時の学校は、学生に新聞も読ませないといったありさまでしたので、嘉矩は友だち四人とストライキをやりました。そのため師範学校には二年いただけで退学になりました。

師範学校を退学して、また東京にもどり、新聞記者になって、つとめのひまには、国文学や外国語を独学で勉強しました。

文章がうまくて、自分の意見を堂々と発表するのですから、伊能嘉矩の名は、しだいに高まり、かれが二十六歳のとき、坪井正五郎という理学博士にみとめられ、そのもとで勉強することになりました。

かれは坪井博士に人類学を学び、やがてそれを一生の学問として達成することになります。

伊能嘉矩と台湾探検

伊能嘉矩が台湾にわたったのは明治二十八年（一八九五）十一月、かれが二十八歳のときでした。

その前年、つまり明治二十七年八月、日本が清国と戦いをはじめ、二十八年二月、威《い》海衛《かいえい》を占領したので、清国は早くも日本に休戦を申しこみ、四月には山口県下関で講和条約が成立しました。

そこで、台湾を日本の領土とするというとりきめができたのです。ところが、台湾にはいろいろの種族が住み、それぞれに酋長がいて、本国の清は台湾を日本にやるといったものの、その酋長たちにはなんの相談もなくきめたことですから、さあ、台湾の人たちがおさまりません。

いっぽう、日本は大戦争のあとですから、その人たちとゆっくり話し合って承知させるゆとりがありません。もともと、この戦争にはいろいろと無理があって、ロシア、フランス、ドイツなどがもんくをいってきています。

そこで、日本は一気に台湾を征伐することになって、五月には台湾へ軍隊を送りこみました。そうなるとたいへんです。台湾の人々は強力に日本軍に手むかうし、また台湾には、いろいろの熱病があって、その戦争もなかなかはかどりません。軍隊の総大将をつとめていた北白川宮《きたしらかわのみや》がマラリヤでなくなったのは、嘉矩が台湾へむかう直前だったのです。

かんたんに征伐できるだろうと思っていたのに、そんなありさまでしたから、これはいったいどうなるだろうかと、国民みんなが心配しだしました。

新聞記者からりっぱな人類学者になっていた伊能嘉矩が、自分の学問を国のお役にたてるのはこのときと、陸軍省雇員《こいん》という資格で、戦争まっさいちゅうの台湾にわたりました。

出発にあたって嘉矩は、多くの人々にたいして、台湾探検の重要性をつぎのように主張しました。

「みなさん、台湾にはやばんな人種ばかりいて、教養もなく、人を殺したり、ものをぬすんだりすることはあたりまえだと思っている人が多いようですが、台湾の土地は何をつくってもよくできるし、だれもまだふみこんでいないところですから、いろいろのたからが未開発のまま残されています。

台湾の人々を教育し、文化的な生活ができるようにしてやるのには、戦争で征伐することではいけません。その人々の習慣や、言語や、気持ちをしらべ、また、種族の生活や環境をととのえてやり、産業開発の手順を教えてやらなければなりません。それが日本のはたすべきつとめなのです。

アフリカだって、いろいろの探検家がはいって、今日の開発がみられたのです。こうなるまでには、今までだれもいったことのないところに、足をふみこみ、いろいろのことをしらべました。そして、探検にはいって、そのままかえらない人が何人もいました。しかし、その人たちの残してくれた日記や手記を読んだ人が、その人のあとを追っていって、探検を終えたという例もあるではありませんか。

わたしは、どういう危険も覚悟しています。だから、どんなにつかれても、あるいはまた、病気になってたおれても、その日に見たこと、しらべたことは、かならずノートに書きとどめておきます。そして、りっぱに台湾がおさまり、文化的にも、経済的にもめぐまれた社会ができるように、みなさんもひとりひとりよく考えてください。」

これは、りっぱな意見書になって後世に残りましたが、嘉矩はじっさい、それだけの覚悟と、だれもやらないことをやる勇気にみちみちて、明治二十八年（一八九五）、台湾に向かったのです。

十一月というと、日本ではそろそろ雪がふるころですが、台湾は春のような気温であちこちにかくれた敵軍がさかんに活動していました。

あくる年一月早々にも、嘉矩のいるところが敵におそわれたりしたので、とても思うように探検ができません。

そこで、まず、土人のことばや、マレー語の勉強をして、だんだんに土人の生活を知ることにつとめ、どの土人は何系に属するかという、分類の研究にはいっていきました。今まで、台湾はいろいろの種族がいるということはわかっていましたが、じっさいには九種族であることを嘉矩がつきとめました。そうなると、どの種族にはどういう手をさしのべたらよいかが、はっきりしてくるわけです。

はじめのうちは、嘉矩も本物の軍人とまちがえられたこともあったでしょう。しかし、どんな人でも、どんな種族でも、自分に危害を加える人であるかどうかはやがてわかりますし、熱心な研究家であることがわかってくれば、協力するようにもなります。

嘉矩も、あとでは、多くの土人から親しまれ、探検の手つだいから、研究の協力まで得られるようになりました。

それにしても、探検ですから、道のないところをあるいて進まなければならない場合もあるし、人家のないところにねなければならないときもすくなくはありませんでした。とくに台湾の地理と歴史をしらべてあるいていたとき、ひどい暴風雨にあって、短い距離のうちで、二度も三度も車がてんぷくしたことがあったと、のちに語っています。そんなときは、着ているものはもちろん、持っているものも全部ぬれてしまって、そのため、ときどき病気にもなりました。

しかし、嘉矩は、これでくじけてはいけないと、自分で自分を勇気づけ、一日としておなじところにとどまることをしませんでした。

嘉矩は、もし自分に万一のことがあったら、だれかがすぐあとをひきうけてくれるように、毎日しらべたことを書いていましたが、それは、つかれと病気でたおれそうになって、寝床《ねどこ》にはいったときでも、けっしておこたりませんでした。

そうして、ときどき、東京の人類学会に報告しましたので、日本人の多くも、ようやく台湾のことについて、いろいろくわしいことを知るようになりました。

それにしても、探検というものはたやすいことではありませんでした。それまでの勉強もたいへんです。また、自動車も飛行機もない時代ですし、現代のようにかんたんに料理のできる食料などもありませんでしたから、あるときは、飲まず食わずであるかなければならない日もあるし、おなじところをなんども往復して、しだいに奥地にはいる方法もとらねばなりませんでした。

でも、台湾をりっぱにおさめるには、できるだけはやく、くわしくしらべておかなければならないことがひじょうに多かったのです。

嘉矩がしらべてあるいているあいだにも、種族同士の戦いもあれば、土人と日本軍との戦いもありました。戦争は人を殺し、祖先ののこした文化をこわしてしまいます。家々にのこっていた古い文書も機材も、家もろとも焼かれ、貴重な遺跡もどんどんこわされていきます。嘉矩は気が気ではありませんでした。

「一日でも早く、いっときでも早く、そういうものをしらべて、書きとめておかなければならない。台湾人の祖先が、子孫のためにのこしたものを、その子孫が誇るときがあるだろう。せめて焼かれるまえに、こわされるまえに、それを見て、こういうものがあったぞと、子孫の人たちに教えてやる——それが科学者のつとめであり、探検家の任務なのだ。」

嘉矩は、つねにそう自分をいましめ、なにごとにもこまかい注意をおこたりませんでした。

そして、見るべきものがこわされたあとであった場合は、それを知っていそうな人を、どんなに遠くでもさがしていって、ひとりだけにでなく、何人にも話を聞いて、その報告を書きました。

嘉矩は、こうした記録にはうそがあってはいけない、真実を伝えることが科学者の任務だとつねにいってもいたし、みずからそれを実行にうつしました。

だから、嘉矩の報告は、けっして見たことをそのまま書いた紀行文ではありません。台湾が、むかしからどんな人々によっておさめられてきたか、教育や国防がどうおこなわれてきたか、土人同士がなぜ戦いをするか、どこの外国人がどういうかたちで、この島に来たか、そういう歴史から、人口のうつり変わり、いろいろのお祭りや行事、土地土地の産業、道路、通商のようすにいたるまで、嘉矩はそれぞれを区分して書きました。

およそ、この報告をみれば、すわっていても台湾のすみずみまでわかる、というくらいのものでした。


嘉矩は明治三十八年（一九〇五）、それまで十年間台湾をあるきまわって書きとどめた資料をもって、郷里の岩手県遠野にかえりました。

そのころは、まだおじいさんの友寿が生きていました。おさないときに父母に別れた嘉矩は、このおじいさんに孝行をしたいと思っていたので、それからずっと遠野で暮らしました。そのあいだ、かれは台湾で書きとめてきたものの整理をしながら、いっぽうでは郷里のこともいろいろとしらべ『上閉伊郡志《かみへいぐんし》』『遠野方言誌』など、多くの本も書き、郷土史研究の方法を明らかにしました。

それぞれの作品が、日本の学界に消えることのない光を放っています。なかでも、かれの生涯をかけた『台湾文化志』は、かれの死後に出版されましたが、いまでも台湾を知るうえに、もっともだいじな資料とされています。

大正十四年（一九二五）九月三十日、五十八歳でなくなるまで、嘉矩はほとんど一日じゅう書斎にすわってその『台湾文化志』の原稿を書きつづけました。酒もタバコものまず、ただ一心に、自分の学問を完成させ、できるだけ多くの人のためになるようにつとめた一生でした。

6 儀助の南島探検

さて、だいぶより道をしましたが、沖縄探検の先ぱい田代安定にあって、島々のようすをきいた笹森儀助は、明治二十六年（一八九三）五月二十四日に東京を出発しました。儀助が沖縄の那覇の港についたのは、六月一日のことでした。

波止場の近くには何百人という女が集まっていて、われがちに船からおりる人の荷物をうばいあって、手にもったり、頭の上にのせたりして運ぶのでした。なまりのつよいことばですから、よくききとれませんが、ただ荷物一こについて、運び賃をいくらくれといっていることだけがわかりました。

宿屋について荷物の運び賃をはらってくれるように宿の主人にたのみ、そばでみていますと、一こにつき二十銭を要求し、主人から高すぎるとしかられると、こんどは四銭でよいといってそれをもらって、よろこんでかえってゆきました。儀助はそばでそれを見ながら、なにか、そのこころねがあわれに思えるのでした。

　それからの儀助の道すじをざっとみましょう。

　六月中は沖縄本島でいろいろしらべ、七月六日、汽船大有丸《だいゆうまる》で宮古《みやこ》島に上陸しました。それから八日には石垣島へ、十五日には伝馬船《てんません》で西表島へ、十七日には丸木舟をやとって鳩間島へ、そしてふたたび西表島にかえって与那国ゆきの便船をまち、八月一日、さいはての島、与那国島につきました。

　八月四日にはこの島をさってふたたび石垣島へ、さらに宮古島、沖縄本島、奄美《あまみ》大島をみてあるいて、鹿児島の土をふんだのは十月十八日でしたから、じつに四か月以上にわたる苦しい旅でした。

　六月二日から二週間のあいだは、那覇を中心にして沖縄本島でしらべておりますが、ここでもっとも儀助が注意してみたのは、飲料水と風土病のことでした。飲料水は雨水をためて、これを利用するのが大部分でした。

　雨水のとりかたは、屋根の軒《のき》下に大きな竹のといをかけ、雨水を一か所にあつめ、その下に、ほかの地方の茶つぼに似た大きなつぼをすえておき、これに雨水がたまるようにしています。この大きなつぼにいっぱいになれば、さらにあいたつぼにうつして、いっぱいになったものはふたをしてたくわえておくのです

　これでは、暑い夏には一週間もたつと、たくさんのボウフラがわきます。しかし何十

日もたつと、ボウフラが底にしずんでしまって、美しい水になります。このようにして百年以上もたくわえているものが多いということです。

儀助はその水をもらってのんでみましたが、すこしあまみがあって、おいしいと思いました。

沖縄ではこの水は、たいへんだいじなもので、このつぼの多いかすくないかが、金持ちか貧乏であるかをきめるもとになっているのです。

大きな川がなくて、のみ水に不足していることから考えだした、生活のちえですが、いつまでもこのままでほうっておいていいわけはありません。一日もはやく、水道をつくって、のみ水のふべんから沖縄の人たちをすくってやることが、いちばんだいじなことであると、儀助はくりかえしいっています。

また、風土病のマラリヤについては、東京を出発するまえからいろいろの注意をうけており、自分でもこのわるい病気の流行しているところをたずねて研究するつもりでした。そこで、那覇や名護の病院をたずねて、予防の方法や治療の方法をきいてみました。

マラリヤの原因は、まだこのときにははっきりわかっておりませんでしたので、完全な治療法ができてはいませんでした。予防法としては、

「マラリヤの流行している土地をまわるときは、朝昼晩、キナ丸《まる》を三つぶずつきっとのむこと。」

「昼も夜も毛布を着て、いつも汗を出すようにすること。」

八重山諸島で使われる木の鍬

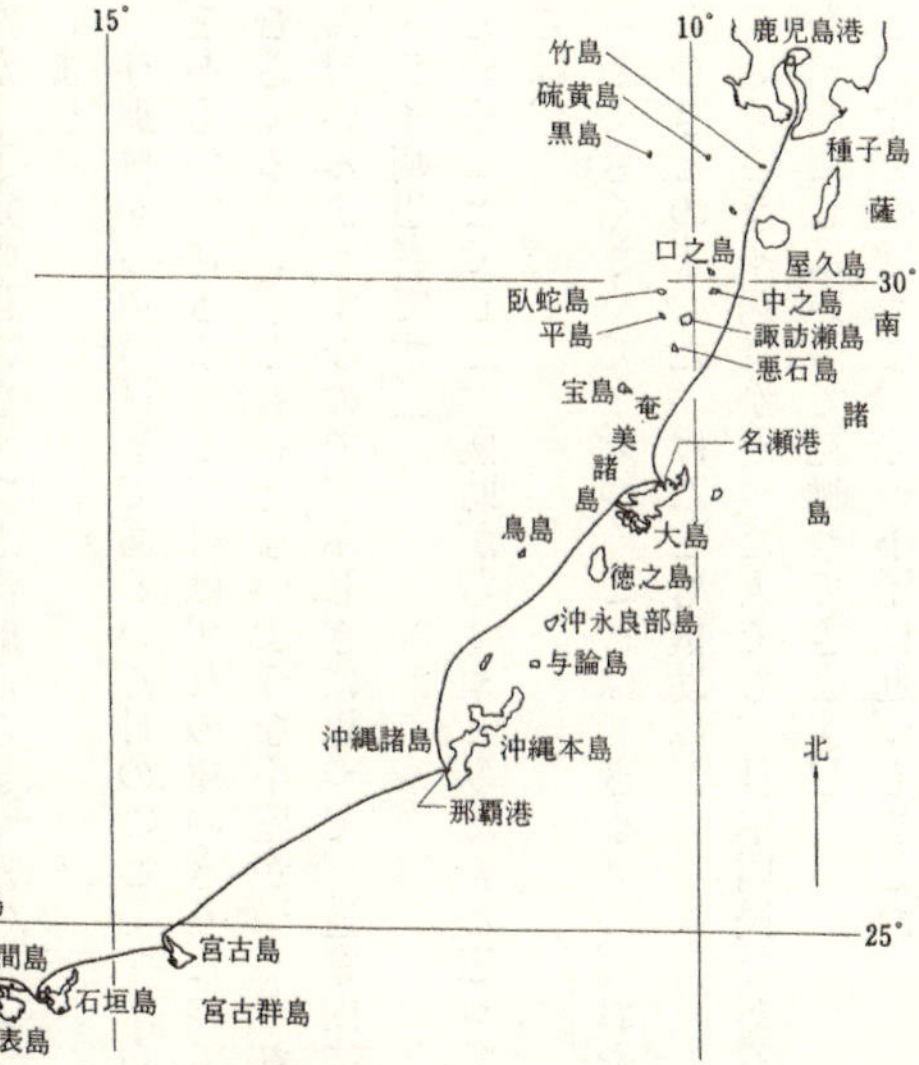

琉球弧の島々

「雨にあってからだがぬれたときには、アワモリ（沖縄のつよい酒）やブランデーなどをのんで、からだから湿気をとりのぞくようにすること。」

という注意をうけました。

　儀助はもし自分が不幸にしてマラリヤにかかったならば、すぐに東京にかえって、大学病院にはいり、この病気の治療法研究のために、自分をぎせいにする覚悟をもっておりました。だから、医者から注意された予防方法はよくまもりましたが、病気のある土地だからといってさけてとおるようなことはせずに、すすんで、その土地にいっていろいろしらべました。

　のちに、そのときの研究をまとめて、『八重山島風土病の状況とその治療方法についての意見』という本をだしております。

　沖縄本島での調査をすませて、儀助は宮古島、八重山諸島にわたる船をまっていましたが、予定の日になっても汽船がきませんので、やむをえず国頭《くにがみ》地方をしらべることにしました。

　与那《よな》村から辺戸《へと》村まであるいた日のことですから、六月十九日でした。小雨のふる道をあるいてゆきますと、村はずれの崖のきりたっているようなところに一戸、二戸と、むさくるしい家ともいえないような小屋がつくられているのがみえます。どうも人が住んでいるようすなので、ふしぎに思って、道案内についてくれた巡査にききますと、

「ライ病患者です。」

ということでした。儀助がちょっとみたいと思って、近づこうとしますと、案内の人たちは、

「とてもくさくて、近づくことはできません。おやめなさい。」

とひきとめました。けれども儀助は、

「いくらライ病にかかった人でも、日本国民であることには、ちがいないではないですか。わたしはいって見舞ってきます。」

と、崖をのぼって、その小屋に近づきました。

小屋の高さは一メートル三十センチもありましょうか、まわりは四メートル四方くらいのほったて小屋です。土間にはほし草をしいて、その上にうつろな目をした二十歳ぐらいの女と、七歳にもなるのでしょうか、小さな女の子がすわっておりました。全身がくされ、ただれて、なんともいえないくさいにおいが、何メートルもまえからにおってきて、儀助はぞっとして、とりはだだつのをどうすることもできませんでした。

道みち、案内してくれる人たちにきいてみますと、このあたりのならわしとして、ライ病にかかった病人は戸籍からのぞいてしまいます。そして村においておくとほかの人にうつるおそれがあるので、それをふせぐために、村からはなれた、人のあまり近よれないところに、さっき見たようなほったて小屋をたてて、うつしてしまうのだということでした。

どうしてうつるのかときいてみますと、このあたりではどの家もブタを飼っているのですが、そのブタに人糞をたべさせます。ブタが大きくなると、それを殺して人間の食料にしますので、それからうつるのです、ということでした。

ハワイにライ病の専門家がいって、病人を治療してきたということが話題になったのは、ついそのまえごろのことでした。

その話を思いだして、儀助は、日本の国内におなじ日本人が病気にかかって、なんの手当もうけず、こんなみじめなあつかいをうけているのをほうっておいていいものだろうか、なんらかの方法を考えなければならないと、こころから思うのでした。

国頭地方の村をあるいて、くわしくしらべた儀助は、七月五日、ようやく大有丸にのって、先島《さきじま》とよばれる宮古島、八重山諸島にむけて旅だちました。

七月七日に石垣島につき、十四日までこの島で、砂糖、サトウキビなどのことをしらべています。

石垣島では中川虎之助《とらのすけ》の経営する中川農場をたずねました。

中川虎之助という人は、徳島県板野郡の人です。徳島県が阿波国《あわのくに》とよばれていたことは、みなさんも知っていると思いますが、その阿波国は、古くから有名な砂糖の産地で、ここでつくられる砂糖は、阿波の三盆糖《さんぼんとう》という名まえでひろく知られていました。中川虎之助の家は、代々その三盆糖の製造をする家でした。

虎之助も若いときから家の仕事をついで働いていました。ところで、明治になって内地の砂糖生産が年ごとにすくなくなり、外国から輸入するものが多くなって、そのため日本のお金がたくさん外国に出るようになりました。虎之助はここに注目して、これは日本のたいへんな損失になるので、国内の砂糖生産を発展させるためには、南の島々の砂糖生産をもっとさかんにすることがだいじだと考えました。そして八重山諸島に目をつけ、明治二十五年（一八九二）から石垣島に農場をつくっていたのです。

儀助がここをたずねたときには、中川農場では百三十ヘクタールの土地を借りて、徳島県からつれてきた数十人の農夫といっしょに、二十六ヘクタールにサトウキビをつくっていました。

六畳じきぐらいの小さいかやぶき屋根のほったて小屋をたてて、そこにねとまりし、開こんしておりましたが、島にむかしから住んでいる人と、新しくよそからはいってきた人との関係は、なかなかむずかしく、この年にはいって、一月十六日と四月十日の二度にわたって、住居や製造所を焼かれるというような事件がおこりました。

ほかにも、サトウキビに火をつけて焼きはらわれたり、切りたおされたりということがあったそうです。

中川虎之助はまた、明治二十八年に石垣島に八重山製糖株式会社をつくり、本格的に製糖経営にのりだしますが、思うように成績があがらず、明治三十二年（一八九九）までで製造をやめてしまい、そののちは台湾に進出することになります。

儀助は七月十五日には伝馬船をやとって、西表島にわたり、二十八日までの十四日間に、十五の村をたずね、そのあいだには丸木船にのって鳩間島にわたっています。

西表島はマラリヤの流行地で、そのために人が死にたえてしまって、あき家になっているものがめだつのでした。

雨のふるなかを油紙を着て、高那《たかな》村の枝村《えだむら》（もとの村からわかれてつくった村のこと）である野原まであるいたときのことを、儀助はつぎのように書いています。

野原は戸数六戸で、人口は十二人、そのうち男九人、女三人というさびれた村です。六戸のうち、ひとりしかいない家が二戸、もっとも人数の多い家でも男ふたり、女ふたりの四人暮らしです。男だけしかいない家が四戸もあります。村の人にききますと、

「ここはマラリヤが多いので、ここにくればマラリヤにかかって死ぬということをいって、嫁にくる女がいないのです。」

という答えでした。

村の西の方にあき屋敷があって、かぞえてみますと数十もありました。これがみんなマラリヤで死にたえたあとだということでした。

高那から古見《こみ》村にゆきました。この村もまた病気のひどいところです。

むかしのことを書いたものをみますと、古見村は西表島のなかでは、西表村についでさかえた村で、人口は七百六十七人いたとしるされておりますが、儀助がおとずれたときには、戸数四十一戸、人口百四十二人にへっておりました。村のうちをあるいてみますと、人の住まなくなった屋敷のあとが八十以上もありました。村をひとまわりしたあとで、村役場の人にあいました。この男はこえふとったからだに大礼服《たいれいふく》（重要な祭りや儀式のときに着るいちばんりっぱなきもの）を着ていました。かさね芭蕉の布に、幅の広い支那錦のりっぱな布をつけ、ちょっとみればどんなに位の高い役人かと思えるほどでした。

そして、ことばも方言ではなく、じょうずに標準語を話しますので、いろいろなことをたずねたいとおもって、まずきいてみました。

「風土病にかかっている人がどれくらいいますか。」

「ありません。」

「わたしはさっき村をまわって、何人か見ましたが、これはどういうことですか。」

儀助がこう問いつめますと、役人はただだまって頭をさげるばかりでした。ふしぎに思って、こんどは筆談で、さらにききました。

「毎年人口はへっていって、税金はたくさんとられ、人民の苦しみ、なんぎはたいへんだと思いますが、この村の長であるあなたは、このことにたいしてどう考えていますか。」

「わたしは月給をもらって、それで家族をやしなうものですから、どうしたら人がへってゆくのをふせぐことができるか、なにもすくう方法を知りません。ただ年功によって村の長になったのです。」

儀助はおどろきました。八重山諸島でもゆびおりのりっぱな人物といわれる人の答えがこれなのです。これ以上なにをきくことがありましょうか。かれがはっきりいわなかったことを、かれにかわって表現してみれば、

「士族は平民をおさめて、自分の家族をやしなえば、それでじゅうぶんである。平民がどんななんぎにあおうが、苦しい生活をしようが、おれの知ることではない。」

ということになるのでありましょう。

この村で村の役人として月給で生活している人は十六人います。戸数四十一戸ですから、二・六戸で、ひとりの村役人をやしなっていることになります。それだけ税金をよけいとられるので、村人の生活は苦しいことになるわけです。

古見村でなおしらべているうちに、おどろくべきことを知りました。牛は百十五頭いるうち、牝牛《めうし》二十六頭、牡牛《おうし》八十六頭と、牡牛がたいへん多いことです。また馬もおなじで、十九頭のうち牝馬五頭、牡馬十四頭でした。

牝がすくないことには理由がありました。

石垣島の士族たちは、牛をふやすために、農民たちに自分の牛をあずけて、育てさせていたのですが、石垣島の農民に強制的に飼育させるだけではたりなかったとみえて、わざわざこの西表島まで牛をつれてきて飼わせていたのです。それだけでなく、牛がふえたらねだんがさがると考えて、農民をだまし、牡をよけいに飼わせていたのです。

ほんとうに西表島こそは、苦しみにみちた島でありました。

マラリヤやそのほかの風土病がはびこって、住民は苦しくつらい生活をしているのに、病院さえないありさまで、西表島千二百十四人の人たちは伝染病の海の中にほうりこまれたようなありさまだったのです。

「これほど残酷なことがありましょうか。」

儀助はこのように、役人たちのやり方にいかりをおぼえながら、なおも西表島の生活をくわしく見てまわりました。

古見村から仲間《なかま》村にゆきました。戸数四戸、人口九人の小さな村です。九人のうち四人は「よせびと」といって、無病地からうつってきた人たちでした。十五歳以下の子どもはひとりもいないというありさまですから、村がほろびてしまうのも、そんなにとおくないことでしょう。

村のうちをまわってみますと、六十歳ぐらいの老人が病気でねておりました。家の中にはいってみますと、その老人の妻でしょうか、ひとりのおばあさんがそばにすわって看病していました。病人のようすはとみますと、十センチぐらいの竹を三センチぐらいずつあけてしいた床の上に、あかがついてまっ黒になってしまったござを一まい、古い毛布のボロボロになってまるくなったようなのを一まいしいて、その上に木綿の模様もわからなくなるほどあかのついたのを着てふせっておりました。

儀助はあわれに思って、もっていた「キナ丸」を二日分ほどとりだし、「これをおのみなさい。」といってやりました。ふたりとも手を合わせ、涙をながしてよろこんだのでした。

ここでは犬の多いのが目につきました。犬も人間も、食事はいっしょです。女たちが唐芋《からいも》（サツマイモ）を食べていますと、犬がよりそってきて、女たちのあましたものを食べるのです。

自分たちの食料すらたりないのに、どうして犬など飼っているのかとききますと、イノシシの害にそなえるためだとのことでした。島にはイノシシが多いので、村のまわりに石垣をめぐらして、ふせいでいるのですが、それだけではふせぎきれないので、犬を飼っているのです。

それから、さらに四キロほど西の南風見《はえみ》村にゆきました。

戸数九戸、人口二十九人という村ですが、どの民家も人がみちあふれています。それは沖にある黒島や新城島《あらぐすく》から、南風見に水田をつくりにきている人たちがとまっているからでした。

もう何日も海があれて、島からもってきた食料も食いつくしてしまって、早く島にかえりたいのですが、このあれもようで、どうすることもできないのでした。

こうしたふべんをしのんでまで、ほかの島にわたって米をつくるのは、水田をもっていなくても、税金は米でとられるからで、自分たちの食べるためではなかったのです。まったくゆるすことのできないものといわなければならないでしょう。

七月二十三日から二十四日には、西表島の中央を東海岸の仲間村から西海岸の租納村まで横断《おうだん》しました。この道はかつて西表島をおとずれた田代安定、田村熊治のふたりがとおったところでした。

朝から暑い日でした。一行は四人で仲間川を丸木舟でさかのぼりました。八キロほどのぼりますと、いままでひろびろとした原野であったのが、森林地帯にうつります。その入り口のあたりにミヤケ泊《どまり》というところがあって、数十というほどくちかけたかり小屋がならんでいます。島の役人たちが家をたてるときに、木をきりだすために村人を人夫として使うのですが、小屋はそうした人夫のとまったところでした。

ここで舟をおり、おいしげったやぶを両手でおしわけおしわけ、すすんでいきました。しばらくいくと三十ヘクタールほどの草地にでました。もとこのあたりは水田であったといいますが、ふりつづく雨のために、どろ水はひざまでつかるほどになっていました。さらにいくと、大木が天をおおって昼なお暗く、ヤマビルがたくさんいて、からだにすいついてきます。かといって、ヤマビルをはらうために立ちどまると、こんどはアリがからだにはいのぼってくるといったありさまで、休むこともできないのです。

　密林をぬけると、竹やぶのあるところにでて、正午になってようやく海抜三百メートルのゴザ岳の頂上に立つことができました。北には四百八十メートルの古見岳がそそりたっています。これくらいの山にのぼるのに、こんなに時間がかかったのは、まったく道がないためでした。

　くだりには、もっと困難がありました。大木がしげりにしげって、方向がまったくわからないのです。ときどき大木にのぼって、方向をたしかめないと、すぐ道をまよってしまいます。この密林の中をあるいているあいだに、もっていたこうもりがさもぼろぼろになって、骨だけになりました。

　中良川の水源にたどりついたのは、午後七時になっていました。ゴザ岳の頂上から直線距離にすれば、わずか四キロぐらいしかないのですが、それに七時間もかかったのです。何回もころび、足のつめをはがした人もいました。日も暮れてきたので、これ以上すすむことができず、かれ木を集めて火をもし、野宿の準備をしましたが、つつみをといて釜を出してみると、こわれてしまっていて、飯がたけません。しかたなく、米を水にひたして食べ、アワモリをのんで元気をつけましたが、歯がいたみだしたのでコンデンスミルク一かんで飢えをしのぎました。毛布を着てねようとすると、またヤマビルがおそってくるしまつで、とうとう一晩じゅう眠ることができませんでした。

こんな苦労をかさねて、西表島のすべての村々をあるき、くわしく実情をしらべました。

八月一日、ようやく船をつかまえて、与那国島にわたりました。与那国島は台湾をのぞむ、さいはての島です。

夜十時に上陸しましたが、若く美しい女たちが何十人もむかえにでてきました。ねたのは夜中の二時でしたが、床虫《とこむし》（ナンキンムシ）にさされて、朝まで眠れませんでした。

与那国島は、西表島よりいくらか活気がありましたが、それだけにまた税金もよけいとられていました。四、五年まえに不作の年があったうえに、税金としておさめた米を積んだ船が、二そうもあらしにあってしずんだのでした。こうした事故によって未納になった税金は、いつかはまた納めなければならないのです。

与那国島は小さい島ですが、三百八十一戸の家があり、人口も二千百二十人にのぼっています。そのなかで税の未納になっているものは、多い家で米六十俵、すくない家で十俵もありました。いまのお金になおしますと、多い家で三十万円、すくない家で五万円くらいになります。たいへんな負担です。

八月四日に与那国島をはなれて、石垣島、宮古島をまわって、那覇の港にかえったのは八月二十八日、出発してから五十五日めでした。

長い、無理な旅行でしたから、沖縄本島にかえりついたときにはさすがの儀助もつかれてしまって、食事ものどをとおらないほどでした。

医者にみてもらいますと、つかれがはげしいから、しばらく休まないとマラリヤにかかる心配があるといわれました。しかたなく、つかれがとれるまで休みましたが、すこし元気がでてくると、まえにいかなかった国頭地方北部の村々をあるきました。

沖縄のおもな村々を、ほとんどくまなくといっていいほどあるいて、くわしくしらべ、那覇の港をはなれたのは九月二十八日のことでした。二十九日には与論島、沖永良部島《おきのえらぶじま》、徳之島をへて、九月三十日に奄美大島の名瀬《なぜ》につきました。大島には十月十六日までいて、製糖業をくわしくしらべ、そのほか、物産、金融、商業、風俗、気候、地理などにわたって、ひろくみてあるきました。

このときのしらべによって、鹿児島の商人がどんなに島民から利益をしぼりとっているか、島民がどんなに多くの借金をせおって苦しんでいるかを知って、儀助はおどろいています。

また、島役所においても、七島とよばれる口之島《くちのしま》、中之島、臥蛇島《がじゃ》、平島、諏訪之瀬島《すわのせ》、悪石島《あくせきじま》、宝島《たから》などの小さい島々のことがまったくしらべられていないことに気づき、「七島の人たちもまた日本国民であるのに、弱いから、人口がすくないからといって、あなどっていいものでしょうか。政治家というものは、とかく自分の名まえをうりこむようなことばかりをして、すみずみにわすれられている人たちのことにまで気をくばろうとしません。」

となげいています。

のちに、大島島司《とうじ》（大島支庁《しちょう》の長）となってこの地にくると、さっそく薩南《さつなん》十島（七島に口三島とよばれる黒島、竹島、硫黄《いおう》島をひっくるめていう名まえ）をくわしくしらべて『拾島状況録《じっとうじょうきょうろく》』という本を書いています。

十月十八日、大島をたって東京についたのが二十四日でした。東京で友人たちをたずねて日をすごし、なつかしい弘前にかえりついたのは十一月八日のことでした。すでに四十九歳の身で、旅のゆくてに多くの危険や困難を予想して、決死の覚悟で出発していらい、じつに六か月がたっていました。

このときしらべたことをまとめて『南島探験』という本を書きましたが、それは読む人につよい感動をあたえました。そして人々は「日本人は沖縄をもっとだいじにしなければならない。」と気づいてきました。

7　大島島司として

南島探検からかえった儀助は製糖業の発展のために、製糖会社の社長として働くか、または大島の島司《とうじ》として、島の発展のためにつくすか、そのどちらかをしてほしいと多くの人たちから強くすすめられました。

南島探検のかえりに、奄美大島にたちより、めぐまれない島の実情をみて、いきどおりを感じるとともに、なんとかしてこのめぐまれない人たちのために役にたちたいと考えていた儀助は、大島島司として島のために働くことにしました。

明治二十七年（一八九四）八月二十三日から、明治三十一年八月二十九日まで、満四年のあいだ、島司として働いたのでした。

儀助は大島にゆくのに、三女のつるをつれてゆきました。これは、もしものことがあった場合には、遺骨をもちかえらせるためだったということです。

儀助の覚悟のほどがしのばれるではありませんか。

儀助が島司として大島についたころは、島のなかには鹿児島派と人民派の二つの党派があって、ことごとにいがみあっておりました。どちらかというと、本土である鹿児島の勢力をバックにする鹿児島派のほうがつよく、人民派を圧迫していました。

儀助は、まえに大島をたずねてしらべたときに、鹿児島の商人たちのひどいやり方にいきどおりを感じていました。それだけに大島を発展させるには、こんなことをゆるしておいてはいけないと考え、島民の立場にたってなにごとも島の開発のために働いたのでした。鹿児島の商人たちが大島の人たちを苦しめたのには長い歴史がありました。

大島のおもな産物は黒砂糖ですが、そのむかし薩摩藩は、この砂糖の有利なことに目をつけて、砂糖はぜんぶ藩で買い上げ、島民が自由に売買できないようにしました。税金としてとりあげる量も多かったのですが、それ以上の分については余計糖といって、島民の日用品ととりかえるのでした。そのとりかえる割合も、ふつうなら米一升（約一・四キロ）よりも、砂糖一斤《きん》（〇・六キログラム）のほうがいくらか高い時代に、米一升と砂糖五斤（三キロ）の割合でとりかえるというようにきめていました。だから、藩の利益はたいへんなものでした。

藩では砂糖の生産をあげるために、水田もほして畑にし、男二十アール、女なら十アールをわりあてて、サトウキビをつくらせました。生産高は予定してあって、それに達しない場合は、どこかにかくしてあるのだろうといって罰を加え、また一斤でもほかに売れば死刑にするというように、きびしくとりしまりました。

このように島民をしぼりあげてえた藩の利益は、たいへんなもので、いちじは五百万両もあった借金を二十年くらいで全部かえしてしまって、なお百万両もあまったということです。

明治維新になっても、この総買上制《そうかいあげせい》はひきつづきおこなわれましたが、大蔵省がこれを知って、あまりひどいということで、やめるように注意しました。ところが県では、これを島民にはしらせずに、鹿児島の商人たちとむすんで、「大島商社」という会社をつくり、これが一手にとりあつかうようにしました。島民が買う日用品もこの商社が売りわたすようにして、砂糖代とさしひきにするようにしたのです。

砂糖代金はやすくひきさげ、日用品は高く売りつけましたので、商社のもうけは藩の時代以上のものでした。秘密にやっていたのですが、そのやり方があまりひどいものですから、島民の不満がだんだんつよくなり、反抗のうごきがはげしくなって、ようやく島民の自由取引がゆるされたのは、明治十一年（一八七八）のことでした。藩が砂糖上納制《じょうのうせい》をきめてから、じつに百三十三年めのことでした。

自由取引ができるようになると、各地の砂糖商人は大きな資本をもって、砂糖の買いつけに集まるようになりました。そして農民の気持ちをひくために、かれらのほしがる品物をかけ売りにし、また金を貸して砂糖を買う予約をするという方法をとりました。今までは藩や商社に苦しめられて、ほとんど現金を持ったことのなかった島民にとって、現金をもつということは大きな魅力でしたから、目のまえの利益につられて、商人たちのいうなりになってしまいました。その結果、大きな借金ができ、それを返すのに苦しみ、砂糖はもちろん、財産までなくしてしまうものが多くなりました。

商人の貸す金はたいへん利子が高く、おまけに三か月複利で元金にくり入れるという方法をとるのがふつうでしたから、利子に利子がつくといったかっこうで、どんどんふくれあがり、借りた金を砂糖で返すときには何倍にもなっていたのです。

儀助が島司になったときには、島はこのようなありさまで、島民はたくさんの借金に苦しんでいました。

笹森島司はこういう状態を改善するためにさまざまの努力をしたのですが、鹿児島派の勢力がつよくて、みじかい期間のうちにそれほどの成果をあげることはできなかったようです。

自分の利益だけをもとめて党派をつくり、あらそうことがどんなに住民を不幸にすることか、それはいまもむかしもかわりないことでした。

さて、儀助は、薩南十島とよばれる島々について、これまでなにもしらべられていないことが、南島探検のときから気にかかっていました。そこで明治二十八年（一八九五）四月二十七日、大島をたって、八月二十七日まで四か月にわたり、これらの島々をまわって、くわしくしらべました。

諏訪之瀬島をしらべているとき暴風雨にあい、生死不明を伝えられ、ようやく軍艦に助けられるという危険なめにもあいながら、竹島、硫黄島、黒島、口之島、中之島、臥蛇島、平島、諏訪之瀬島、悪石島、宝島のそれぞれの島について、土地、住民、村治（村の政治）、寺社、雑件（その他のこと）の五編にわけて、それぞれくわしい調査記録をのこしています。これがまえにお話しした『拾島状況録』です。

この記録によって、わたしたちは今日、島までいかなくても、ふべんな島の人たちの生活のようすを知ることができます。それはたんに興味あるというだけでなく、たいへん学問的にも貴重な資料となっています。

長くなりますのであまりくわしくはかけませんがそのうち、一つ二つあげてみましょう。

竹島では、男子は十五歳になった年の正月にはニセ組という、いまでいう青年団のような組織にみんなはいります。ニセ組は、十五歳以上三十六歳までの青年が、みんなはいっており、三十七歳になった正月に、組からぬけることになっています。ニセ組のもっとも年上のものふたりがニセ頭《がしら》となって、ニセ組を指揮、監督するのです。ニセ組の仕事についての命令は、部落の世話人からうけることになっています。

部落の世話人は選挙できめます。また選挙される資格のある、頭株《かしらかぶ》とよばれる家が七戸あり、その七戸の戸主の話しあいでふたりの世話人をきめ、ひとりは任期二年で交代、ひとりは期限がないということです。世話人の給料といったものはありませんが、無期限のほうの世話人には、漁業の一人まえをやることになっています。ここでいう一人まえというのは、漁業の収入を分配するときのひとり分ということです。その一人まえのわけ方は、島によってすこしちがいますが、竹島の場合は、漁業の総収入から、資金を出した人が二割をとり、残りを漁業にしたがった人が平等に分配するという方法をとっています。

黒島のカツオ漁の場合には、大里《おおさと》部落は二組、片泊《かたどまり》部落は三組にわかれ、それぞれ、多い組で二十人、すくない組で十二、三人が組んで船に乗り組み漁をします。とれたカツオを分配するときに、組員のほかに十人をたして割るのです。資金は鹿児島の枕崎《まくらざき》の金主が出しておりますので、その十人分が金主のとりぶんとなり、残りを組員が平等に分けることになります。組員は自分かってに休むことはできませんが、もし病気などでどうしても漁に出られない人については半人分をあたえるということになっていました。

儀助は、この旅のあいだ、どの島においても教育に重きをおき、子どもたちを試験しては、優等者にほうびをあたえ、また教員には、大島にきて勉強をするようにすすめています。

また、女の子をそれぞれの島からつれてきて、教育を受けさせるために、自分の家や、ほかの島役人の家に寄宿させ、行儀作法を教え、学校教育をうけさせてから、島にかえし、島の学校の教師としたということです。

大島で天然痘《てんねんとう》がはやったことがありました。ちょうど唐芋（サツマイモ）の植えつけの時期でしたが、島の人たちは天然痘をおそれて、みんな山の中ににげこんでしまい、植えつけをする人がいなくなってしまいました。これでは島のだいじな食料がとれなくてこまりますので、儀助は病人を見舞って、そんなにこわがらなくてもよいということを身をもってしめしました。ところが、それをみた島の人たちは、儀助の家に悪い病気がはいったといって、これを追いだすために、天然痘がきらってにげだすといわれているバショウの葉をてんでにうちふり、あるいは鐘をたたいたりなどして、くる日もくる日も儀助の家をとりかこんで、天然痘を追いだすまじないをしたこともありました。

無知といえばこれほど無知なことはないのですが、医学のめぐみをうけることのすくなかった島の人たちにとっては、天然痘はまだ、それほどにおそろしいものだったのです。

そうしているうち、日清戦争に日本が勝ったことによって、台湾が日本の領土となりました。明治二十八年（一八九五）四月のことです。

このことが大島の人たちにあたえた影響は、たいへん大きかったのです。それはなぜかといいますと、台湾が世界でも指おりの砂糖の産地であったからです。その大産地が日本のものになると、砂糖が安く、ゆたかにでまわるようになり、大島のように黒砂糖で生活をたてているところは、だめになってしまうのではないか、という不安をもったのでした。

儀助は大島島司として、台湾のじっさいのようすをしらべ、そのうえで大島の今後の方針をたてるべきだと考え、台湾視察にでかけることにしました。

あけて明治二十九年三月二十五日、奄美大島の名瀬港を出て鹿児島、博多、門司、下関の順にとおり、四月三日、五島列島沖をすぎ、台湾の基隆《キールン》についたのは、四月五日でした。七日には台北を出発して南へくだり、とちゅうかずかずの部落をしらべながら十九日、台北から百キロぐらいの台中につきました。

このあいだに儀助は、政府の台湾官吏にたいする待遇がわるいこと、日本の商人がとても中国の商人との競争に勝てそうもないこと、台湾総督府の蕃人《ばんじん》教育の方法は、たんに蕃人に軽くみられるだけで、効果があがらないこと、などのありさまを見て、台湾をおさめてゆく方針をかえなければいけないといっております。

台中までいって、いろいろなことを見たり聞いたりするにつれて、儀助は生蕃《せいばん》、または蕃人とよばれていた、土人の住んでいる地方にはいって、しらべてみなければならないと考えました。

この計画を守備隊の参謀長に話しましたが、それはたいへん危険なことでしたから、たやすくゆるしてくれませんでした。しかし、台中の知事の好意で護衛の巡査数人をつけてもらい、やっと、台中近くの蕃人たちの部落にはいることができました。

それは、四月二十五日のことでした。

昼の十二時ごろ北港渓《ほっこうけい》という部落を出発しようとすると、人夫がこれからさきにすすむことをたいへんいやがって、苦情をいいます。よくわけをきいてみますと、けさ、中国人が三人、このさきで生蕃に首をとられたという事件があったので、自分たちもまた、生蕃におそわれるのではないかとおそれているのでした。

守備隊が三、四人でてきて、儀助たちを護衛してくれましたが、同行しているある人は短刀をさげ、ある人は土人の武器の蕃刀《ばんとう》を腰にして、もし蕃人からおそわれ、銃撃されたときには銃の口に手をあててふせぎ、発砲したやつには、きっとしかえしをして、いっしょに死のうという決心でゆきました。

やがてある橋のところで、中国人の首をとられてたおれている死体を見ました。すねに弾丸のあとがありました。血が砂の上にながれて、まだかたまっておらず、刃の厚い刀で切ったためでしょうか、骨のかけらが見えていました。そのむごたらしいありさまには、身をふるわせたことでした。

あとでききますと、これは埔里社《ほりしゃ》の商人で、ほかのふたりは村の農夫とのこと。その死体はすでに、亀仔頭《きしとう》村にひきとったあとだったということでした。

さらに南へ旅をつづけ、台南についたのは、四月三十日でした。

産物、砂糖、サトウキビなどについてくわしくしらべ、五月五日台南を出発して、九日基隆につき、大島にかえったのは六月五日になっていました。

この調査によって、台湾開発が日本にとってたいへん望みの多いものであることを、儀助は確信をもって報告しています。

大島島司としての儀助は、島の産業開発にちからをそそいで、その効果はあがりつつあったのですが、明治三十一年（一八九八）八月二十九日、島司の職をやめました。これはまったくとつぜんのことでしたが、けっきょくは鹿児島派と意見があわなかったことに原因があるようです。

なお、儀助は大島にいるうちに、尊敬する西郷隆盛がかつてこの地に流されていたことを記念して、その記念碑をたてました。

8　朝鮮からシベリアへ

明治二十七年から二十八年にかけて日本と中国のあいだにおこなわれた日清戦争は、日本の勝利に終わりました。日本のように小さい国に大きな中国が負けたのですから、西欧の国々は、中国は弱い国であるから、いまのうちに中国に、自分の国の勢力をのばしてやろうとねらってきました。ロシア、フランス、イギリス、そしてドイツなどが、中国を手にいれてやろうとしていたのです。

となりの国がねらわれれば、つぎは日本があぶなくなります。中国だけの問題ではありません。これはアジアの問題として考えなければならないということで、近衛篤麿《このえあつまろ》が明治三十一年に「東亜《とうあ》同文会」という組織をつくって、同志を集め、アジアの問題を解決するために働いておりました。

この同文会に、儀助とまえから親しくしていた陸羯南がはいっていました。大島島司をやめて東京にかえっていた儀助は、羯南のすいせんをうけて、同文会の嘱託となり、朝鮮の咸鏡北道《かんきょうほくどう》に日本語学校をつくるために、朝鮮にわたることになりました。明治三十二年（一八九九）五月、儀助は五十五歳でした。

咸鏡北道の城津《じょうしん》が学校をつくるには、もっともいいところだということになり、三十二年の暮れから開校されました。儀助は堂長（校長）となり、ほかに教師はふたりでした。

儀助は学校建設中の八月七日から十日間、軍艦摩耶《まや》にのって北関地方をみてあるきました。港のようす、漁業・製塩などの産業、人口、外国船のありさま、日本人の活動のようすなどをしらべたのです。

また九月には、遠くシベリア旅行に出かけ、ハバロフスクにいくまでの、海にそった地方の経済状態、日本人や外国人のようすをみてあるいています。これは、もし日本とロシアのあいだになにかあった場合の役にたてたい、という目的をもっていったのでした。

十月九日から十一月十二日までのあいだ、咸鏡道北関地方からロシア、中国、朝鮮の三国のさかいのようすを知りたいと、三度めの旅行をしました。国境の村チョウスルについたのは、十月十五日でした。ここは山の中のさびしい村で、四、五百メートルはなれて一戸、二戸と人家はちらばっていました。寒さがきびしく、儀助はついにかぜをひいてしまい、難儀しましたが、このあたりまでロシア人がはいりこんできて、たびたび測量しているということをききました。

すすんで慶興府《けいこうふ》から穏城《おんじょう》、永達《えいたつ》にいっていますが、このあたりは朝鮮人の移住者が多く、ロシア人はただ守備兵がいるだけです。朝鮮人は、まえは中国領に移住するものが多かったのですが、さいきんはロシアがわで、ロシア語学校をつくってロシア語を教えたり、朝鮮人でウラジオストックにゆききする者のために護衛をつけて馬賊の害をふせぐなどして、朝鮮人の移住をすすめていました。このあと永達から会寧《かいねい》、鏡城《きょうじょう》などをまわってかえりました。

儀助が三度にわたって国境地帯を視察しているうちに、学校の建設はすすみ、城津の学校は授業をはじめました。ここは新しく開けた港とはいうものの、さびしい村でしたから、ゆくすえ大きく発展するという期待は、あまりもてませんでした。それで、もうすこし北にいって、咸鏡道の中心である鏡城に学校をうつすことにしました。

ここの人たちは、日本人にたいして、たいへん親しみをもっており、校舎を貸してくれましたので明治三十三年九月にうつり、城津の学校は分校としてのこしました。

この前後に城津であるさわぎがおこり、数千人の民衆が、吉州《きっしゅう》から城津をおそい、建物なども多くこわしてしまいました。かれらが鏡城にむかってくるというしらせがはいって、鏡城はさわがしくなりました。またこのころ鏡城の近くのロシアと中国の国境で戦争がはじまり、中国の兵隊が鏡城ににげてきて、てあたりしだいものをうばうようになり、どうにもできなくなったので、儀助はそのあたりの事情をよくしらべてやろうと決心して、国境地方から南部シベリア沿海地方にかけての旅にでました。

このときのことだと思いますが、そのころ日本の軍事探偵（スパイ）として国境地方で活躍していた石光真清《いしみつまきよ》とぐうぜんにも汽車の中で、であっております。そのときのことが石光真清の『曠野《こうや》の花』という本に書かれています。

それは、ウラジオストックからニコリスクにむかう汽車の中でした。そのときの儀助のかっこうは、ところどころ破れて色のさめたフロックコートに、でこぼこの、くずれかかった山高帽をかぶり、腰にはずだぶくろをぶらさげ、いまひとつ大きなふくろを肩からななめにさげていました。しかも縞のズボンにはカーキ色のゲートルをまき、ふくろの重みを杖にささえるようにしてはいってきたのです。

そして石光真清を見つけると、

「あなたは日本人のようだが……。」

といって話しかけてきました。

「わしは青森の者で、笹森儀助といいます。としよりの冷水とわらわれながら、わらうやつにはわらわせておいて、とび出してきました。これもお国へのご奉公ですよ。

はじめわしは、ひとりで朝鮮にゆき、元山《げんざん》の奥の鏡城で日本語学校をひらいていましたが、鏡城へ中国の兵がにげこんでくるという事件がおこったからいろいろとしらべてみると、どうもロシアのやり方がおかしい。ひとつロシアのほんとうの気持ちがどこにあるかさぐってやろうと考えて、だれにたのまれたわけでもないが、元山からあるいてここまでやってきました。」

元山からこのさわぎのなかを、なにごともなくはるばるあるいてきたという儀助の話に、びっくりして目をパチクリさせている真清に、儀助はしごくほがらかな顔をしてつづけるのでした。

「なあに、この年でもまだまだ若いものには負けません。ちょうどこの駅についたら、ハバロフスク行きの汽車が出るときいた。わしはウラジオストックにゆくつもりだったが、反対方向にゆく汽車になるけれども、せっかくだからと思ってのりこんだのですよ。またニコリスクまでいって、情勢をみてから、ウラジオストックにいって、いろいろ意見をきこうと思っていますよ。」

まったくきらくそうに、「ちょっとそこまで用たしに」というような調子で、話すのです。しかし、こころのそこをつらぬいている国を思うまことの気持ちは、おなじようにシベリアをしらべている真清のこころをうつものがありました。

ニコリスクについて、ふたりはいっしょに汽車からおりました。

駅前で、

「わしはここでお別れします。どうぞおたいせつに、じゅうぶん注意して目的を達してください。あなたにははじめておめにかかったのだが、これが最後になるかもしれん。」
と、大声でわらって、さっさと人ごみの中へすがたを消してしまったのでした。

儀助の人がらが、この石光真清とのみじかいであいのなかに、たいへんよくあらわれています。この旅は十月十五日から二十九日までつづきました。

思いがけないさわぎがおこり、国境地帯はぶっそうな空気になってきましたので、鏡城の学校は、おもいのほか成績があがらず、やめることになりました。

儀助が日本にかえったのは明治三十四年（一九〇一）六月のことでした。二年間を朝鮮ですごしたことになりますが、そのあいだに四回にわたって国境地帯の旅をしていますので、旅にでているときのほうが多いほどでした。

9　青森市長となる

朝鮮の咸鏡道での教育活動――というよりも国境地帯探検といったほうがいいほどですが――を終えてかえってきた儀助は、すでに五十七歳になっていました。

しかし、まだ休むことはゆるされなかったのです。

青森市の初代市長であった工藤卓爾《くどうたくじ》が、やめるにあたって、その後任として儀助をつよくすいせんしたのでした。

工藤が儀助をすいせんした理由は、青森市は県の中心であり、たいへん重要な位置にあるので、外部といろいろわたりあうのには、外交のうでまえが必要であるということ、また市の発展のためには、自分ひとりの利益のためや、かたよった人の利益のために働かない、公平で、熱心な人でなければならないこと——この二つを考えると、そういう人は、儀助以外にいないというわけでした。

儀助はそのすすめがあまり熱心なので、ことわりきれなくなって、ついにひきうけることになりました。

明治三十五年（一九〇二）五月、二代めの青森市長になり、三十六年十二月まで、そのつとめをはたしました。

儀助が市長としておこなった仕事は、まず財政の整理でした。このとき青森市には、市民のおさめなければならない税金で未納になっているものが二万四千円あまりありました。これはその当時としては、たいへん大きな金額で、市の財政に大きくひびいていました。そこで、その整理をいかにするかということが、もっとも大きな問題でしたが、儀助はひじょうな苦心をしてこの整理をおこない、やめるときには、未納額はわずか六百六十円あまりにまでへっておりました。

そのほか、水道をひくことなども、そのいとぐちをつけています。

私立商業補習学校（のちの県立商業学校）も、儀助の努力の結果、ようやく設立されたもので、教育にたいする若いときからもちつづけた情熱のあらわれでありました。

市長をやめてからは、明治三十八年七月から四十年七月まで弘前五十九銀行監査役、四十一年春から十一月まで大阪池田病院に会計監督係としてつとめましたが、その後は弘前にかえって、べつになにをするということはありませんでした。

そして、大正四年（一九一五）九月、七十一歳でなくなりました。

儀助の生涯は、はなやかなことはありませんでしたが、いかにも明治の日本人らしい、すじのとおった一生でした。

ふりかえってみると、日本の辺地は、こうした国を愛し、また辺地の人々のしあわせをねがう多くの先覚者たちが、自分の苦労をいとわないであるきまわり、しらべ、ひろく一般の人にそのことをうったえて気づかせ、そこにすむ人の上に、明るい光がさしてくるようにつとめてくれたことによってすこしずつよくなって、今日のようにひらけてきたのです。

辺境を歩いた人々　年表

（　）内は、その事がらがのっている本文のページ

西暦年	日本年	事がら
一七五四	宝暦　四	菅江真澄、三河国（愛知）に生まれる（一一三）。最上徳内、羽前（山形）楯岡に生まれる（一一六）。
七一	明和　八	近藤重蔵、江戸（東京）駒込に生まれる（一一四）。
七八	安永　七	ロシア人、クナシリ島にくる。
八〇	九	間宮林蔵生まれる。
八二	天明　二	真澄、木曾路（長野）、駿河（静岡）を旅行し、また京都へも旅をする（一一六）。伊勢国（三重）の光太夫ら、ロシアに漂着する（一一九）。
八三	三	真澄、伊勢神宮におまいりし、三河を経て東北地方の旅にむかう（一一六）。東北地方大ききん。翌天明四年までつづく。いわゆる天明のききんである（一一九）。
八四	四	真澄、信濃・諏訪（長野）から越後（新潟）奥羽（秋田）津軽（青森）南部（岩手）宮城地方を天明七年までかけてまわりあるき、くわしい紀行文をのこす（一一六）。
八五	五	徳内、幕府の調査隊に加わり、天明六年まで千島列島のエトロフからウルップをまわる。これ以後、徳内は約二十年のあいだに九回にわたるえぞ地の探検を行なう（一一六）。
八七	七	フランスのラ・ペルーズ探検隊、宗谷海峡から千島列島を探検する。このため、宗谷海峡はラ・ペルーズ海峡ともいう。
八八	八	真澄、津軽半島の宇鉄（三厩村）から松前（北海道）にわたる（一四四）。寛政四年（一七九二）まで松前地方を旅行する。古川古松軒は幕府の東北巡見使に加わって東北地方を旅行し、『東遊雑記』を書く。

一七九二	寛政	四	真澄、松前福山の城下をたって、青森県下北半島の奥戸につく。恐山にのぼり、享和元年（一八〇一）まで下北、津軽地方を旅行する。『おくのてぶり』など多くの紀行文を残す（一五一）。 徳内カラフト探検。 ロシアの使節ラクスマン、伊勢の光太夫らを送って松前にくる（二一一）。 このころ外国船が近海に多く出没するようになり、幕府は沿海の大名に警備を厳しくするよう命令を下す。
九五		七	重蔵、長崎奉行所の役人として長崎にゆく。『清俗紀聞』『安南紀略』等の本をあらわす（二一二）。 イギリスのブロートン探検隊、千島列島を調査する。
九七		九	真澄、津軽藩の薬物掛となる（一七二）。
九八		十	徳内、第六次のえぞ探検でエトロフにわたる。このとき重蔵も同行し、モヨロ湾に「大日本恵土呂府（エトロフ）」の標柱をたてる（二一三）。重蔵は以後五回にわたってえぞ地を探検する（二一六）。
九九		十一	重蔵、第二回のえぞ地探検、サマニで冬を越す（二一四）。 間宮林蔵と松田伝十郎、えぞ地探検、冬をすごす。 東えぞ地を幕府の直接支配地とする。
一八〇〇		十二	重蔵、高田屋嘉兵衛とともにエトロフにわたる。 伊能忠敬、初めて北陸およびえぞ地を測量する。
〇一	享和	元	真澄、津軽から秋田にはいる。以後秋田の各地をまわる。 石川忠房、えぞ地をみてまわる。これに間宮林蔵がついてゆき、カラフトを探検する。
〇二		二	えぞ奉行（のちの箱館奉行）を置く。
〇四	文化	元	ロシアの使節レザノフ、長崎にきて貿易を要求する。このころロシアしきりに北辺をおかす（二一七）。
〇五		二	近藤富蔵生まれる（二一九）。
一八〇七	文化	四	重蔵、利尻島を探検する。帰りみち、石狩地方を探検、カムイコタンで遭難する（二一七）。 西えぞ地を幕府の直接支配地とする。

〇八	五	間宮林蔵、カラフトから黒竜江方面の探検に出て、翌年帰る。このとき間宮海峡を発見（七〇）。
一一	八	真澄、秋田藩主から地誌編さんの命をうけ、文化十年よりその仕事にかかり、『花の出羽路』などをまとめるため努力する（一七三）。ロシア艦長ゴロウニン、とらわれる。外国船打ちはらい令を出す。
一四	十一	伊能忠敬、『沿海実測全図』を完成する。ロシアと境界をきめる。
一七	十四	イギリス船、浦賀にくる。
一八	文政 元	松浦武四郎、伊勢国に生まれる（七二）。伊能忠敬死ぬ。
二一	四	幕府、えぞ地を松前氏にかえす。
二二	五	重蔵、『金沢文庫考』をあらわす。滝川文庫をたてる。
二三	六	シーボルト、長崎にくる。
二六	九	富蔵、村人を殺す（四二）。そのため重蔵、江州（滋賀）大溝藩にあずけられる（四六）。
二七	十	富蔵、八丈島に流される（四六）。
二九	十二	真澄、秋田の角館で死ぬ（一七四）。重蔵、江州で死ぬ（四六）。
三三	天保 四	武四郎、江戸に下り、帰りみち中仙道をとおって信州（長野）の善光寺におまいりし、戸隠山にのぼる（七四）。
三四	五	武四郎、京に上り、大阪、播州（兵庫）、備前（岡山）をまわり、四国にわたって、讃岐（香川）、阿波（徳島）をおとずれ、淡路から紀州（和歌山）にはいる。以後天保十年（一八三九）まで北陸、関東、東北、中部、近畿、四国、九州をめぐりあるく（七五）。
三六	七	最上徳内死ぬ。
四〇	十一	清国（中国）でアヘン戦争起こる。
一八四一	天保 十二	天保の改革はじまる。
四二	十三	武四郎、イカつり船で壱岐国西目につき、対馬にわたる。朝鮮にわたるつもりだったが、成功せず（七八）。
四四	弘化 元	武四郎、えぞ、カラフトの探検を志し、旅に出る（八〇）。

四五		二	武四郎、津軽の鯵が沢から松前（北海道）の江差にわたり、えぞ地探検（八二）。笹森儀助生まれる（一七五）。
四六		三	武四郎、第二回えぞ探検。松前藩西川春庵の召使となってカラフトにわたる。宗谷に帰り、紋別、知床、石狩地方を探検（八六）。
四七		四	武四郎、松前から南部（岩手）にわたり、津軽、越後、佐渡をまわって江戸に帰る。富蔵、『八丈実記』を書きはじめる（五四）。
四九	嘉永	二	武四郎、第三回えぞ地探検。おもに千島を探検する（九二）。『えぞ大概図』をかく。最初の北海道地図である。
五一		四	武四郎、『三航蝦夷日誌』三十五さつを書きあげる（九三）。
五二		五	武四郎、江戸をたち伊勢に帰る。
五三		六	アメリカのペリー浦賀に、ロシアのプチャーチン長崎にくる（九四）。
五五	安政	二	武四郎、えぞ地御用の御雇となる（九四）。アメリカ、イギリス、ロシアと和親条約を結ぶ。
五六		三	田代安定、鹿児島に生まれる（二〇六）。
五九		六	ロシア・オランダ・フランス・イギリス・アメリカと神奈川・長崎・箱館で貿易をひらく。
六〇	万延	元	井伊大老、桜田門外で暗殺される。
六二	文久	二	富蔵、『八丈実記』七十二さつの草稿を完成する（五五）。
六七	慶応	三	明治天皇、皇位につかれる。王政復古の詔（みことのり）を発せられる。伊能嘉矩、岩手県遠野に生まれる（二二二）。
六九	明治	二	武四郎、北海道の道名、国名、郡名を選定する（一〇七）。
七〇		三	儀助、弘前藩租税掛となり、以後明治十四年、青森県中津軽郡長をやめるまで役人としてすごす（一七九）。武四郎、北海道探検と、その著述の功によって終身十五人扶持（ぶち）をもらう（一〇八）。
一八七一	明治	四	廃藩置県（二一三）。
七二		五	琉球王国を鹿児島県から切りはなし琉球藩とする（二一三）。
七四		七	台湾征伐（二三二）。

七五	八	ロシアと千島、カラフト交換条約を結ぶ（一九四）。 安定、東京に出て、内務省博物局に勤める（二〇七）。
七七	十	西南の役おこる。
七九	十二	琉球藩を廃し、沖縄県をおく（二一三）。
八〇	十三	富蔵、罪をゆるされる。東京・大阪の知人をたずねて旅をする（五八）。
八二	十五	富蔵、八丈島に帰る（六七）。安定、内務省の役人として沖縄に旅行。八重山諸島、石垣島をまわる（二〇七）。儀助、農牧社を経営（一八二）。
八三	十六	武四郎、熊本の五箇庄に旅行。
八四	十七	安定、ロシアの万国園芸博覧会に派遣される（二〇八）。
八五	十八	安定、沖縄探検に出る（二一四）。
八六	十九	嘉矩、東京に出る（二二七）。
八七	二十	富蔵、八丈島三根村で死ぬ（六七）。武四郎、三十か国をめぐる旅をする。
八八	二十一	武四郎死ぬ（一〇九）。
八九	二十二	帝国憲法発布。
九〇	二十三	教育勅語発布。帝国議会召集。
九一	二十四	儀助、貧旅行に出て、『貧旅行之記』をあらわす（一八九）。
九二	二十五	儀助、千島を探検し、『千島探験』をあらわす（一九八〜二〇三）。
九三	二十六	儀助、南島探検をし、『南島探験』をあらわす（二五四）。 郡司大尉、千島を探検する。
一八九四	明治二十七	儀助、大島島司として三十一年まで奄美大島ですごす（二五四）。 日清戦争起こる。
九五	二十八	儀助、薩南十島をしらべ、『拾島状況録』をあらわす（二五四、二五八）。 日清戦争に勝ち、台湾をゆずりうけ、台湾征伐を行なう（二二二）。 嘉矩、台湾にわたり、以後十年間台湾の調査を行なう（二三一）。
九六	二十九	儀助、台湾視察を行なう（二六一）。

九九	三十二	儀助、朝鮮咸鏡道で日本語学校設立。明治三十四年帰るまで三度にわたって国境地方を視察する（二六四）。
一九〇〇	三十三	北清事変起こる。
〇二	三十五	儀助、第二代青森市長となる。私立商業補習学校設立（二六九）。明治三十六年でやめる。
		日英同盟むすばれる。
〇四	三十七	日露戦争始まる。
〇五	三十八	日露戦争に勝ち、カラフトの北緯五十度より南が日本の領土となる。
		嘉矩、台湾の調査を終え、遠野に帰る。以後『台湾文化志』をまとめることにつとめる（二三八）。
一〇	四十三	日韓併合なり、韓国が朝鮮と改まる。
一四	大正　三	第一次世界大戦に日本が参加する。
一五	四	儀助死ぬ（二七〇）。
二五	十四	嘉矩死ぬ（二三八）。
二八	昭和　三	安定死ぬ（二二二）。

参考にした本

近藤重蔵編　近藤正斎全集　全3巻　　横山武夫著　笹森儀助伝
近藤富蔵著　八丈実記　　笹森儀助著　南島探験
吉田武三著　評伝松浦武四郎（正、拾遺）　伊能嘉矩著　台湾文化志
内田武志編　菅江真澄遊覧記　全5冊　　永山規矩雄編　田代安定翁

執筆協力者

河岡武春、高松圭吉、田村善次郎、藤田清彦

宮本常一略年譜　*1907–1981*

1907（明治40）**年**
八月一日、山口県大島郡東和町（周防大島、旧家室西方村）大字西方に父・善十郎、母・マチの長男として生まれる。生家は浜辺の農家。

1922（大正11）**年　15歳**
郷里の小学校高等科を卒業。祖父、両親について農業をする。翌年四月、大阪にいる叔父の世話で、大阪逓信講習所に入所。

1924（大正13）**年　17歳**
五月、逓信講習所卒業、大阪高麗橋郵便局に勤務。市の内外を歩きまわり、乞食の社会に興味を持つ。一九二六年、大阪府天王寺師範学校第二部に入学。文学書を乱読。

1927（昭和2）**年　20歳**
四月、大阪第八連隊へ短期現役兵として入営、八月末退営。九月、祖父・市五郎、死去。大阪府泉南郡有真香村修斉尋常小学校に就職（訓導）。翌年、四月、天王寺師範学校専攻科（地理学）に入学。古代・中世文学書を乱読。

1929（昭和4）**年　22歳**
三月、天王寺師範学校卒業、四月、泉南郡田尻小学校に赴任（訓導）。子供たちと周辺を歩きまわる。

1930（昭和5）**年　23歳**
一月、肋膜炎から肺結核を患い、帰郷し療養。この頃から古老の聞き書きをはじめ、『旅と伝説』に「周防大島」の発表がはじまる。

1932（昭和7）**年　25歳**
三月、健康回復し、大阪府泉北郡北池田小学校に代用教員として就職（翌年一月訓導となる）。山野や各集落を歩く。八月、父・善十郎、死去。

1933（昭和8）**年　26歳**
三月、帆船日天丸にて播磨高砂より豊後佐賀関にいたる。海への関心深まる。小旅行、きわめて多くなる。小谷方明らと和泉郷土研究会談話会をはじめる。ガリ版雑誌『口承文学』を編集刊行。短歌を詠む。雑誌『郷土研究』『上方』に採集報告などを執筆。

1934（昭和9）**年　27歳**
三月、泉北郡養徳小学校に転任（訓導）。九月、京都大学の講義に来た柳田國男と会う。沢田四郎作らと大阪民俗談話会（のちの近畿民俗学会）を結成する。

1935（昭和10）年　**28歳**

二月、泉北郡取石小学校に転任。三月、大阪民俗談話会に出席した渋沢敬三に会う。八月、柳田國男の還暦記念民俗学講習会が開かれる。それを契機として、全国組織「民間伝承の会」の設立と、機関誌『民間伝承』の発行が決まる。渋沢敬三に、郷里の漁村生活誌をまとめるようにすすめられる。十二月、玉田アサ子と結婚。

1937（昭和12）年　**30歳**

十二月、長男・千晴誕生。『河内国滝畑左近熊太翁旧事談』を刊行。

1939（昭和14）年　**32歳**

十月、上京し、アチック・ミューゼアム（一九四二年、日本常民文化研究所と改称）にはいり、民俗調査に全国を歩きはじめる。渋沢の強い影響を受ける。十一月、中国地方の旅に出る。

1942（昭和17）年　**35歳**

二月、胃潰瘍で倒れ、療養。七月からまた歩きはじめる。『出雲八束郡片句浦民俗聞書』『民間暦』『吉野西奥民俗採訪録』などを刊行。

1943（昭和18）年　**36歳**

二月、長女・恵子誕生。この年、保谷の民俗博物館所蔵の民具整理を宮本馨太郎、吉田三郎と共に行う。『屋久島民俗誌』『家郷の訓』『村里を行く』などを刊行。

1944（昭和19）年　**37歳**

一月、大阪に帰り、奈良県郡山中学校の教授嘱託となる。奈良県下を精力的に歩く。

1945（昭和20）年　**38歳**

四月、大阪府の嘱託となり、生鮮野菜需給対策を立てるため、府下の村々をまわる。七月、空襲によって、調査資料（原稿一万二千枚、採集ノート百冊、写真その他）一切を焼く。十月、戦災による帰農者をつれ北海道北見へ行く。道内開拓地の実情をたずね歩く。十二月、退職。

1946（昭和21）年　**39歳**

一月、百姓をするため郷里に引きあげる。二月、大阪府下の村々を農業指導に回り、あわせて、技術、習俗、社会組織などを調べる。四月、新自治協会の嘱託（農村研究室長）となり、食料増産対策のために全国を歩く。二男・三千夫誕生（夭折）。

1947（昭和22）年　**40歳**

農業の手すきの折を利用して農業指導に各地を歩く。十月、公職追放で暇になった渋沢と関西、瀬戸内、九州各地を歩き、地域リーダーたちに会う。

1948（昭和23）年　**41歳**
十月、大阪府農地部の嘱託となり、農地解放と農協育成の指導にあたる。「大阪府農業技術経営小史」「篤農家の経営」を書く。『愛情は子供と共に』『村の社会科』などを刊行。

1949（昭和24）年　**42歳**
六月、リンパ腺化膿のため危篤、命を取り留める。十月、農林省水産資料保存委員会調査員として、瀬戸内海漁村の調査にあたる。この年、民俗学会評議員になる。

1950（昭和25）年　**43歳**
八学会（翌年から九学会）連合の対馬調査に民族学班として参加。帰途、壱岐調査。翌年も継続。学問上大きな刺激を受ける。

1952（昭和27）年　**45歳**
三月、三男・光誕生。五月、長崎県五島列島学術調査に参加。漁民の移動を調べる。翌年、五月、肺結核が再発し赤坂前田病院に入院。十月、全国離島振興協議会設立、事務局長となる。『日本の村』を刊行。

1954（昭和29）年　**47歳**
十二月、林業金融調査会を設立、理事として指導と山村の社会経済調査にあたる。翌年、『海を開いた人々』『民俗学への道』などを刊行。

1957（昭和32）年　**50歳**
五月、『風土記日本』（全七巻）の編集執筆（～一九五八年十二月）。

1958（昭和33）年　**51歳**
十月、木下順二らと雑誌『民話』を創刊。「年寄りたち」を連載、後に『忘れられた日本人』にまとまる。『中国風土記』を刊行。

1959（昭和34）年　**52歳**
十二指腸潰瘍で長期療養を命ぜられる。九月、「瀬戸内海島嶼の開発とその社会形成」（「瀬戸内海の研究Ⅰ」）によって、東洋大学より文学博士の学位を受ける。『日本残酷物語』の編集・執筆にとりくむ（全5巻＋現代篇2巻、～一九六〇年七月）。

1960（昭和35）年　**53歳**
『忘れられた日本人』『日本の離島』（第1集）などを刊行。

1961（昭和36）年　**54歳**

『日本の離島』により日本エッセイスト・クラブ賞受賞。中国文化賞受賞。『庶民の発見』『都市の祭と民俗』などを刊行。

1962（昭和37）年　**55歳**

三月、母・マチ死去。四月、妻子上京、一緒に住む。八月、柳田國男逝去。『甘藷の歴史』を刊行。

1963（昭和38）年　**56歳**

十月、渋沢敬三逝去。この年、若い友人たちとデクノボウ・クラブをつくり、雑誌『デクノボウ』を出す。「日本発見の会」をつくり、雑誌『日本発見』を出す。『民衆の知恵を訪ねて』『村の若者たち』『開拓の歴史』などを刊行、『日本民衆史』（全六冊）刊行開始。

1964（昭和39）年　**57歳**

四月、武蔵野美術大学非常勤教授となる。『山に生きる人びと』『離島の旅』『日本の民具』（全4巻〈渋沢敬三先生追悼記念出版〉）などを刊行。

1965（昭和40）年　**58歳**

四月、武蔵野美術大学専任教授（民俗学、生活史、文化人類学担当）となる。この頃から民具の調査研究に本格的に取り組む。『絵巻物による日本常民生活絵引』全5巻（共著）、『瀬戸内海の研究Ⅰ』などを刊行。

1966（昭和41）年　**59歳**

一月、日本観光文化研究所開設、所長として姫田忠義、長男・千晴らと研究に従事。四月、武蔵野美術大学に生活文化研究会をつくる。『日本の離島』（第2集）を刊行。

1967（昭和42）年　**60歳**

三月『宮本常一著作集』（未來社）の刊行始まる。四月、早稲田大学理工学部講師となり、民俗学を講ずる。七月、結核再発し、北里病院に入院。

1970（昭和45）年　**63歳**

横浜市緑区霧ヶ丘遺跡調査団長として発掘に従事。八月、佐渡で「日本海大学」を開く。新潟県佐渡小木町などを歩く。

1972（昭和47）年　**65歳**

九月、日本生活学会設立、理事就任。

1975（昭和50）年　**68歳**

七月、日本観光文化研究所アムカス探険学校に参加。アフリカのケニア、タンザニアで民族文化調査を行う。十一月、日本民具学会設立、幹事となる。

1977（昭和52）年　**70歳**

三月、大学を退職。三男・光が郷里で農業に従事、しばしば帰郷。村崎義正らに猿まわしの復活をすすめ応援する。十月、済州島に渡り、海女の調査を行なう。十二月『宮本常一著作集』（第一期25巻）完成によって、日本生活学会より今和次郎賞を受賞。

1978（昭和53）年　**71歳**

九月、今西錦司、四手井綱英、河合雅雄、姫田忠義らと猿の教育研究グループを結成。『民俗学の旅』を刊行。

1979（昭和54）年　**72歳**

周防大島久賀町の棚田の石組みの調査。福島県飯坂温泉再開発調査に参加。土佐へ長州大工の調査に行く。七月、日本観光文化研究所において「日本文化形成史」講義をはじめる（没後、『日本文化の形成』3巻に）。

1980（昭和55）年　**73歳**

三月、郷里山口県大島郡東和町に郷土大学をつくり、学長となる。七月、志摩民俗資料館をつくる。九月、中国を歩く。「海から見た日本」（日本民族とその文化の形成史）の構想かたまり、執筆準備にかかる。

十二月、都立府中病院に入院。

1981（昭和56）年　**73歳**

一月、再度入院。一月三十日、胃癌のため死去。

●解説

宮本民俗学の先駆者たち

金子　遊

本書には、近藤富蔵、松浦武四郎、菅江真澄、笹森儀助という四人の、それぞれ時代も立場も異なる人たちが、日本列島の辺境を歩いたさまが評伝風に書かれている。一八世紀半ばの江戸時代後期から明治末までの一五〇年ほどの時期は、まだ日本という近代国家は確立しきれておらず、中央から遠くはなれた地域まで行政の目が行き届いていなかった。北は千島列島、樺太、蝦夷地、東北など、南は八丈島、奄美、沖縄、宮古、八重山の島々に移動して、彼らはその土地の地理や人びとの生活を記録しようとした。その旅の多くは探検といえるほど危険なもので、疫病にかかったり航海中に命を落としたりする可能性もあった。

著者の宮本常一は、明治四〇年（一九〇七）に瀬戸内海の周防大島の農家に生まれて、小学校教員や農業技術の指導をしながら、農務官僚だった柳田國男や日本銀行に勤めていた渋沢敬三らの薫陶を受けて民俗研究に従事するようになった。列島の小さな村々を調査して歩くうちに、貧しい民衆や漂泊民や被差別者に共感をよせるようになり、中央的な権威が抜けきらない既存の民俗学とは異なる独自の道を進んでいった。本書には、泥まみれの民衆生活を見つめた宮本ならではの視点が多分に入っている。

たとえば、安政三年（一八五六）に松浦武四郎が蝦夷から樺太を探検したくだりでは、松前藩の役人や商人たちのアイヌに対するむごい仕打ちに武四郎が怒り、同情したことが強調される。天明五年（一七八五）に大飢饉のなか、菅江真澄が津軽を歩いたときの描写では、農民たちが馬を殺して食べ、それでも足りずに病気で弱った人や家族の人肉さえ食べて、飢えをしのいだ地獄の様相が展開される。辺境を歩いた先人たちの視線を借りつつも、武家や商人から搾取されていた辺境における民衆の姿を刻みこんでいる。

それでは、どうして彼らは辺境を歩いたのか。近隣住民とのトラブルから殺人を犯して八丈島に流された近藤富蔵は別として、松浦武四郎の蝦夷地探検、菅江真澄による東北の旅、笹森儀助の千島探検や南島探検は、外国からの圧力が高まるなかで近代国家の礎を築きあげるべく僻地の地理を把握し、そこの住民の民情を明らかにすることに目的があった。その一方、宮本常一は「民衆の生活を知るためには民衆とおなじ立場に立たなければならない」（「日本民俗学の目的と方法」）と考えていたので、本書に登場する人物たちを単なる転換期の役人としては描出していない。明治以前では辺境における民衆の識字率は低く、文字を駆使できたのは貴族や武士や僧侶などの限られた人びとばかりだった。その無文字社会に生きていた農民や漁民や狩猟民のことを「鳥獣に等しい」と見下した識字者のひとりとしてではなく、文字に頼ることなく伝承されてきた民俗文化のなかに民衆の心を見ようとした、宮本民俗学の先駆者として彼らのことを描こうとしたのだと思う。

「私は昭和十年頃からであろうか、日本民族というのは日本列島の上で発生し、発達したものではなく、列島の外からいろいろの民族が渡来し、また異民族による文化的な刺激によって発達したものであろうと考えるようになった。それには隣接する国々の民族文化を理解しなければならないと思っていた」と宮本常一は書いた（『民俗学の旅』）。その一九三五年は、同じ渋沢敬三門下の民族学者・岡正雄がオーストリアから帰国した年で、彼が日本にもちこんだ種族文化を類型化して比較する民族学に刺激を受けたらしい。

たとえば、東北の古俗であるオシラサマという家神にしても「ギリヤークやオロッコの持っているシェワという神様がありますが、それが下敷きになっている」と宮本常一は指摘する（『日本人のくらしと文化』）。サワとは、サハリン島のトナカイ遊牧民が信仰する木彫りの人形のことだ。古いオシラサマの服を脱がせて裸にしたところ、人形の体の部分に削りあとがついていたことから、そこに北方諸民族の文化のほかに、アイヌのイナウ信仰が混淆していたとも宮本は考える。「辺境」と呼ばれる地域の民俗を掘っていくと、国家や藩の境をこえて移動し、さまざまな地域の文化を交換していた基層文化の姿が見えてくる。そのような発想から、定住型の農耕民だけではなく、漁撈民、狩猟民、焼畑耕作民の生活を探求する宮本民俗学の独自性も生まれてきたのだ。

『忘れられた日本人』に収録された「土佐源氏」を読んで、「私の話は創作ではないかと疑って檮原町へたずねていった人があった」というエピソードを宮本常一は紹介している（『民俗学の旅』）。そのとき宮本は知人に採訪ノートを示して、虚構ではないと憤慨したというが、彼のいくつかの文章がすぐれた文学作品として読めることは間違いない。本書でいえば、近藤富蔵が『八丈実記』を書きはじめた契機として、十一歳の息子が八丈島から江戸まで旅をした帰路で病気で死んでしまい「富蔵はせめて、子どもの供養のためにも、なにか仕事をのこしておきたい」と思ったとする逸話。あるいは、笹森儀助が西表島の古見村でマラリヤの惨禍に出くわす場面では、役人が何も対策をとらないのに絶句して「士族は平民をおさめて、自分の家族をやしなえば、それでじゅうぶんである。平民がどんななんぎにあおうが、苦しい生活をしようが、おれの知ることではない」と彼の内心の声を代弁してみせる。このように、宮本には文学的ともいえる独特の語り口調があるのだが、それは一体どこからきたのか。

宮本常一は『忘れられた日本人』のあとがきで、自身の民俗調査の方法をこんなふうに述べている。まず調査する村をまわってから、役場や農協や森林組合で資料を調べる。古文書があれば旧家へいって書き写す。それから、農家を選んで個別調査をする。最後に村の古老に会って「はじめはそういう疑問をなげかけるが、あとはできるだけ自由にはなしてもらう」という。つまり、徹底的に現地で資料を調べるのだが、もっとも重要なのは年寄りによる昔語りの言葉なのだ。そうやって聞き書きをしていると、明治維新より前の時代を生きた人の語りには、抑揚があり、リズムがあり、叙述や物語があったが、文字が普及したあとの人からは、それが失われていたという。その土地に暮らす民衆の本当の姿は物語のプロットや内容にではなく、そのできごとを包んでいる情感にこそある。それを残そうとして宮本の文章は文学的になったのだろう。辺境を歩いた先人たちを描いた本書を読んでいても、その文体のエッセンスは十分に伝わってくるではないか。

（かねこ　ゆう・映像作家、民族誌学）

＊本書は、宮本常一著『辺境を歩いた人々』（河出書房新社、二〇〇五年十二月刊）を底本としました（親本は、さ・え・ら書房、一九六六年刊）。また、執筆時の時代状況と著者物故であることを鑑み、表記などはそのままとしております。

辺境《へんきょう》を歩《ある》いた人々《ひとびと》

二〇一八年 六 月二〇日 初版発行
二〇二四年 二 月二八日 5刷発行

著 者 宮本常一《みやもとつねいち》
発行者 小野寺優
発行所 株式会社河出書房新社
〒一五一－〇〇五一
東京都渋谷区千駄ヶ谷二－三二－二
電話〇三－三四〇四－八六一一（編集）
〇三－三四〇四－一二〇一（営業）
https://www.kawade.co.jp/

ロゴ・表紙デザイン 粟津潔
本文フォーマット 佐々木暁
印刷・製本 大日本印刷株式会社

Printed in Japan ISBN978-4-309-41619-9

山に生きる人びと

宮本常一　41115-6

サンカやマタギや木地師など、かつて山に暮らした漂泊民の実態を探訪・調査した、宮本常一の代表作初文庫化。もう一つの「忘れられた日本人」とも。没後三十年記念。

民俗のふるさと

宮本常一　41138-5

日本人の魂を形成した、村と町。それらの関係、成り立ちと変貌を、ていねいなフィールド調査から克明に描く。失われた故郷を求めて結実する、宮本民俗学の最高傑作。

生きていく民俗　生業の推移

宮本常一　41163-7

人間と職業との関わりは、現代に到るまでどういうふうに移り変わってきたか。人が働き、暮らし、生きていく姿を徹底したフィールド調査の中で追った、民俗学決定版。

周防大島昔話集

宮本常一　41187-3

祖父母から、土地の古老から、宮本常一が採集した郷土に伝わるむかし話。内外の豊富な話柄が熟成される、宮本常一における〈遠野物語〉ともいうべき貴重な一冊。

日本人のくらしと文化

宮本常一　41240-5

旅する民俗学者が語り遺した初めての講演集。失われた日本人の懐かしい生活と知恵を求めて。「生活の伝統」「民族と宗教」「離島の生活と文化」ほか計六篇。

海に生きる人びと

宮本常一　41383-9

宮本常一の傑作『山に生きる人びと』と対をなす、日本人の祖先・海人たちの移動と定着の歴史と民俗。海の民の漁撈、航海、村作り、信仰の記録。

南方マンダラ

南方熊楠　中沢新一〔編〕　42061-5

日本人の可能性の極限を拓いた巨人・南方熊楠。中沢新一による詳細な解題を手がかりに、その奥深い森へと分け入る《南方熊楠コレクション》第一弾は、熊楠の中心思想＝南方マンダラを解き明かす。

南方民俗学

南方熊楠　中沢新一〔編〕　42062-2

近代人類学に対抗し、独力で切り拓いた野生の思考の奇蹟。ライバル柳田國男への書簡と「燕石考」などの論文を中心に、現代の構造人類学にも通ずる、地球的規模で輝きを増しはじめた具体の学をまとめる。

浄のセクソロジー

南方熊楠　中沢新一〔編〕　42063-9

両性具有、同性愛、わい雑、エロティシズム——生命の根幹にかかわり、生成しつつある生命の状態に直結する「性」の不思議をあつかう熊楠セクソロジーの全貌を、岩田準一あて書簡を中心にまとめる。

動と不動のコスモロジー

南方熊楠　中沢新一〔編〕　42064-6

アメリカ、ロンドン、那智と常に移動してやまない熊楠の人生の軌跡を、若き日の在米書簡やロンドン日記、さらには履歴書などによって浮き彫りにする。熊楠の生き様そのものがまさに彼自身の宇宙論なのだ。

森の思想

南方熊楠　中沢新一〔編〕　42065-3

熊楠の生と思想を育んだ「森」の全貌を、神社合祀反対意見や南方二書、さらには植物学関連書簡や各種の論文、ヴィジュアル資料などで再構成する。本書に表明された思想こそまさに来たるべき自然哲学の核である。

南方熊楠

佐藤春夫　41579-6

同郷の熊野出身の博物・民俗学者・南方熊楠を紹介した初めての評伝。熊楠生誕百五〇年に、初めて文庫化。読みやすい新字新仮名で。

部落史入門

塩見鮮一郎　41430-0

被差別部落の誕生から歴史を解説した的確な入門書は以外に少ない。過去の歴史的な先駆文献も検証しながら、もっとも適任の著者がわかりやすくまとめる名著。

賤民の場所　江戸の城と川

塩見鮮一郎　41052-4

徳川入府以前の江戸、四通する川の随所に城郭ができる。水運、馬事、監視などの面からも、そこは賤民の活躍する場所となる。浅草の渡来民から、太田道灌、弾左衛門まで。もう一つの江戸の実態。

差別語とはなにか

塩見鮮一郎　40984-9

言語表現がなされる場においては、受け手に醸成される規範と、それを守るマスコミの規制を重視すべきである。そうした前提で、「差別語」に不快を感じる弱者の立場への配慮の重要性に目を覚ます。

貧民に墜ちた武士　乞胸という辻芸人

塩見鮮一郎　41239-9

徳川時代初期、戦国時代が終わって多くの武士が失職、辻芸人になった彼らは独自な被差別階級に墜ちた。その知られざる経緯と実態を初めて考察した画期的な書。

吉原という異界

塩見鮮一郎　41410-2

不夜城「吉原」遊廓の成立・変遷・実態をつぶさに研究した、画期的な書。非人頭の屋敷の横、江戸の片隅に囲われたアジールの歴史と民俗。徳川幕府の裏面史。著者の代表傑作。

山窩秘帖

水上準也　41404-1

三角寛の山窩長篇は未完に終わったが、山窩小説界で完結した長篇時代小説はこの一作のみ。由井正雪の慶安事件の背景に迫る、気宇壮大、雄渾のサンカ小説が初めて文庫に。

河童・天狗・妖怪

武田静澄　41401-0

伝説民俗研究の第一人者がやさしく綴った、日本の妖怪たちの物語。日本人のどういう精神風土からそれぞれの妖怪が想像されたかを、わかりやすく解く、愉しく怖いお話と分析です。

性・差別・民俗

赤松啓介　41527-7

夜這いなどの村落社会の性民俗、祭りなどの実際から部落差別の実際を描く。柳田民俗学が避けた非常民の民俗学の実践の金字塔。

サンカの民を追って

岡本綺堂 他　41356-3

近代日本文学がテーマとした幻の漂泊民サンカをテーマとする小説のアンソロジー。田山花袋「帰国」、小栗風葉「世間師」、岡本綺堂「山の秘密」など珍しい珠玉の傑作十篇。

弾左衛門とその時代

塩見鮮一郎　40887-3

幕藩体制下、関八州の被差別民の頭領として君臨し、下級刑吏による治安維持、死牛馬処理の運営を担った弾左衛門とその制度を解説。被差別身分から脱したが、職業特権も失った維新期の十三代弾左衛門を詳説。

異形にされた人たち

塩見鮮一郎　40943-6

差別・被差別問題に関心を持つとき、避けて通れない考察をここにそろえる。サンカ、弾左衛門から、別所、俘囚、東光寺まで。近代の目はかつて差別された人々を「異形の人」として、「再発見」する。

江戸の都市伝説　怪談奇談集

志村有弘〔編〕　41015-9

あ、あのこわい話はこれだったのか、という発見に満ちた、江戸の不思議な都市伝説を収集した決定版。ハーンの題材になった「茶碗の中の顔」、各地に分布する飴買い女の幽霊、「池袋の女」など。

藩と日本人　現代に生きる〈お国柄〉

武光誠　41348-8

加賀、薩摩、津軽や岡山、庄内などの例から、大小さまざまな藩による支配がどのようにして〈お国柄〉を生むことになったのか、藩単位の多様な文化のルーツを歴史の流れの中で考察する。

一冊でつかむ日本史

武光誠　41593-2

石器時代から現代まで歴史の最重要事項を押さえ、比較文化的視点から日本の歴史を俯瞰。「文明のあり方が社会を決める」という著者の歴史哲学を通して、世界との比較から、日本史の特質が浮かび上がる。

伊能忠敬　日本を測量した男

童門冬二　41277-1

緯度一度の正確な長さを知りたい。55歳、すでに家督を譲った隠居後に、奥州・蝦夷地への測量の旅に向かう。艱難辛苦にも屈せず、初めて日本の正確な地図を作成した晩熟の男の生涯を描く歴史小説。

酒が語る日本史

和歌森太郎　41199-6

歴史の裏に「酒」あり。古代より学者や芸術家、知識人に意外と呑ん兵衛が多く、昔から酒をめぐる珍談奇談が絶えない。日本史の碩学による、「酒」と「呑ん兵衛」が主役の異色の社会史。

消えた春　特攻に散った投手・石丸進一

牛島秀彦　47273-7

若き名古屋軍《中日ドラゴンズ》のエースは、最後のキャッチ・ボールを終えると特攻機と共に南の雲の果てに散った。太平洋戦争に青春を奪われた余りに短い生涯を描く傑作ノンフィクション。映画「人間の翼」原作。

永訣の朝　樺太に散った九人の逓信乙女

川嶋康男　40916-0

戦後間もない昭和二十年八月二十日、樺太・真岡郵便局に勤務する若い女性電話交換手が自決した。何が彼女らを死に追いやったのか、全貌を追跡する。テレビドラマの題材となった事件のノンフィクション。

東京震災記

田山花袋　41100-2

一九二三年九月一日、関東大震災。地震直後の東京の街を歩き回り、被災の実態を事細かに刻んだルポルタージュ。その時、東京はどうだったのか。歴史から学び、備えるための記録と記憶。

私戦

本田靖春　41173-6

一九六八年、暴力団員を射殺し、寸又峡温泉の旅館に人質をとり篭城した劇場型犯罪・金嬉老事件。差別に晒され続けた犯人と直に向き合い、事件の背景にある悲哀に寄り添った、戦後ノンフィクションの傑作。

宮武外骨伝

吉野孝雄　41135-4

あらためて、いま外骨！　明治から昭和を通じて活躍した過激な反権力のジャーナリスト、外骨。百二十以上の雑誌書籍を発行、罰金発禁二十九回に及ぶ怪物ぶり。最も信頼できる評伝を待望の新装新版で。

黒田清　記者魂は死なず

有須和也　41123-1

庶民の側に立った社会部記者として闘い抜き、ナベツネ体制と真っ向からぶつかった魂のジャーナリスト・黒田清。鋭くも温かい眼差しを厖大な取材と証言でたどる唯一の評伝。

毎日新聞社会部

山本祐司　41145-3

『運命の人』のモデルとなった沖縄密約事件＝「西山事件」をうんだ毎日新聞の運命とは。戦後、権力の闇に挑んできた毎日新聞の栄光と悲劇の歴史を事件記者たちの姿とともに描くノンフィクションの傑作。

浅間山荘事件の真実

久能靖　40651-0

一九七二年二月二八日、全国民を震撼させた事件の頂点の日。銃を持った連合赤軍数名が軽井沢の浅間山荘で人質をとって立てこもってから十日目だった。激しい銃撃と機動隊の強行突入の全容に迫るドキュメント。

遊廓の産院から

井上理津子　41206-1

八千人もの赤ちゃんを取り上げた前田たまゑの産婆人生は、神戸の福原遊廓から始まった。彼女の語り部から聞こえる、昭和を背負った女性達の声。著書『さいごの色街　飛田』の原点。

戦後史入門

成田龍一　41382-2

「戦後」を学ぶには、まずこの一冊から！　占領、55年体制、高度経済成長、バブル、沖縄や在日コリアンから見た戦後、そして今——これだけは知っておきたい重要ポイントがわかる新しい歴史入門。

思想をつむぐ人たち　鶴見俊輔コレクション1

鶴見俊輔　黒川創〔編〕　41174-3

みずみずしい文章でつづられてきた数々の伝記作品から、鶴見の哲学の系譜を軸に選びあげたコレクション。オーウェルから花田清輝、ミヤコ蝶々、そしてホワイトヘッドまで。解題＝黒川創、解説＝坪内祐三

身ぶりとしての抵抗　鶴見俊輔コレクション2

鶴見俊輔　黒川創〔編〕　41180-4

戦争、ハンセン病の人びととの交流、ベ平連、朝鮮人・韓国人との共生……。鶴見の社会行動・市民運動への参加を貫く思想を読み解くエッセイをまとめた初めての文庫オリジナルコレクション。

旅と移動　鶴見俊輔コレクション3

鶴見俊輔　黒川創〔編〕　41245-0

歴史と国家のすきまから、世界を見つめた思想家の軌跡。旅の方法、消えゆく歴史をたどる航跡、名もなき人びとの肖像、そして、自分史の中に浮かぶ旅の記憶……鶴見俊輔の新しい魅力を伝える思考の結晶。

ことばと創造　鶴見俊輔コレクション4

鶴見俊輔　黒川創〔編〕　41253-5

漫画、映画、漫才、落語……あらゆるジャンルをわけへだてなく見つめつづけてきた思想家・鶴見は日本における文化批評の先駆にして源泉だった。その藝術と思想をめぐる重要な文章をよりすぐった最終巻。